Franz Kontorowicz

Rubelkurs und russische Getreideausfuhr. Eine Währungsstudie

Franz Kontorowicz

Rubelkurs und russische Getreideausfuhr. Eine Währungsstudie

ISBN/EAN: 9783743489097

Hergestellt in Europa, USA, Kanada, Australien, Japan

Cover: Foto ©Suzi / pixelio.de

Manufactured and distributed by brebook publishing software (www.brebook.com)

Franz Kontorowicz

Rubelkurs und russische Getreideausfuhr. Eine Währungsstudie

Rubelkurs und russische Getreideausfuhr.

Eine Währungsstudie.

Inaugural-Dissertation

zur

Erlangung der philosophischen Doktorwürde

vorgelegt der

philosophischen Fakultät

der

Georgia-Augusta-Universität zu Göttingen

von

Franz Kantorowicz.

Jena.
Gustav Fischer.
1896.

Tag der mündlichen Prüfung: 3. Juni 1896.

Referent: Prof. **Lexis.**

Meinen Eltern.

Vita.

Ich, Franz Hartwig Kantorowicz, bin geboren am 19. Dezember 1872 zu Posen als Sohn des Fabrikbesitzers Max Kantorowicz und seiner Frau Rosalinde, geborenen Pauly. Ich besuchte das Kgl. Friedrich-Wilhelmsgymnasium und das Kgl. Mariengymnasium zu Posen; Ostern 1893 bestand ich auf letzterem die Reifeprüfung. Ich studierte in München, Lausanne, Berlin und Göttingen Jura und Nationalökonomie. Am 3. Juni 1896 bestand ich in Göttingen meine mündliche Doktorprüfung. Ich hörte die Vorlesungen folgender Professoren: Brentano, Lotz, Riehl, v. Bechmann, Berchthold, Pareto, Erman, Roguin, Treitschke(†), Schmoller, Wagner, Oldenberg, v. Kaufmann, Pernice, Eck, Gneist, v. Giżycki(†), Frensdorff, Ehrenberg, Detmold, Merkel, Müller, Baumann, Cohn und Lexis. — Ich war Mitglied der Seminarien folgender Professoren: Brentano, Lotz, Pareto, Schmoller, Cohn und Lexis; aufserdem aufserordentliches Mitglied des von Herrn Geh. Regierungsrat Prof. Lexis geleiteten „Seminars für Versicherungswesen" zu Göttingen.

Allen diesen statte ich an dieser Stelle meinen Dank ab.

Meinen ganz besonderen Dank aber spreche ich hiermit meinen hochverehrten Lehrern Herrn Geh. Regierungsrat Prof. Dr. W. Lexis und Herrn Prof. Dr. Gustav Cohn aus.

Der Währungskampf, dessen Schlachtgeschrei seit drei Dezennien die ganze Welt durchhallt, tobt ungeschwächt weiter. Nachdem man sich ursprünglich mit rein abstrakt-theoretischen Beweisgründen bekämpft hatte, ging man der neueren realistischen Richtung unserer Wissenschaft gemäfs dazu über, aus der historischen und statistischen Rüstkammer sein Material zu holen.

So entstanden Monographieen, eine nach der anderen; eine Flut von Währungsschriften — einseitig politische wie wissenschaftliche — beschäftigte sich eingehend mit allen Seiten der Frage; und schliefslich sieht man ja auch, dafs nicht alles umsonst war, dafs doch über manches eine Einigung zu stande gekommen ist. Aber nur über manches! Es giebt zu viel Punkte, an denen von neuem der Hebel angesetzt werden kann, um den Streit nicht zur Ruhe kommen zu lassen.

Zu den am meisten bestrittenen Punkten gehört auch die hier zu erörternde Frage: „Welchen Einflufs hat eine unterwertige resp. schwankende Valuta auf den auswärtigen Handel, wirkt sie auf den Export anreizend, indem sie eine Ausfuhrprämie in sich trägt, und als Schutzzoll gegenüber der Einfuhr des Auslandes, oder sind diese Wirkungen trotz der gegenteiligen Meinung aller Interessenten in der That gar nicht vorhanden?"—

Vergeblich sucht man in den alten grundlegenden Werken unserer Wissenschaft eine Behandlung dieser Frage des Einflusses der unterwertigen Valuta auf die Einfuhr und Ausfuhr des betreffenden Landes. Tooke, Ricardo, Adam Smith haben sich mit dieser Frage noch gar nicht befafst, soweit sie die Wechselkurse eines Landes mit unterwertiger resp. schwankender Valuta betrifft, während sie, besonders der letztere, den Einflufs der Wechselkurse bei gewöhnlichen Währungszuständen wohl erkannt haben. So sagt z. B. Adam Smith[1]) bei Besprechung der Prinzipien des Merkantilsystems über die Lage der Kaufleute eines Landes, dessen Wechselkurs ein ungünstiger ist: „Auch mufste der hohe Preis der Wechsel die Kaufleute natürlich dazu bewegen, dafs sie die Ausfuhr mit der Einfuhr ins Gleichgewicht zu bringen suchten, damit sie diesen hohen Wechselpreis nur bei einer möglichst kleinen Summe zu bezahlen hatten. Und ferner mufste der hohe Preis der Wechsel als eine Auflage wirken, indem er den Preis der fremden Güter in die Höhe trieb und dadurch ihre Konsumtion verminderte."

Smith sagt damit also, dafs der ungünstige Wechselkurs für die Ausfuhr des betreffenden Landes anreizend und für die Einfuhr erschwerend wirke. Er hatte aber noch keine Veranlassung, diesen Satz spezieller auf die Wechselkurse eines Landes mit entwertetem Papiergeld anzuwenden.

Es bedurfte erst eines praktischen Falles, um aus ihm die Lehre von dem Einflufs der unterwertigen Valuta abzuleiten. — In Rufsland hatte im ersten Jahrzehnt dieses Jahrhunderts das rapide Fallen der Assignaten schwere Störungen der Volkswirtschaft zur Folge. Heinrich Storch[2]), damals Erzieher der russischen Grofsfürsten, lernte so in nächster Nähe die Wirkungen der entwerteten Valuta kennen und wurde damit in seinem „cours d'économie politique" der erste, der sich eingehend darüber ausläfst. Das Ergebnis seiner Untersuchungen ist, dafs das Sinken des Papiergeldes zweierlei Wirkungen habe, einmal begünstige es die Ausfuhr, dann erschwere es die Einfuhr aus dem Auslande; aber man dürfe diese vergröfserte Ausfuhr keineswegs, wie es auf den ersten Anblick hin erscheine, für einen Vorteil des Volkswohlstandes ansehen, denn sie führe in Wahrheit zur Verarmung des ganzen Volkes.

Dieselbe Ansicht finden wir auch bei J. B. Say[3]), in seinem Traité d'économie politique. Er fühlt auch bereits den Unterschied zwischen Entwertung und Wertverminderung.

K. Hr. Rau[3]) giebt zwar zu, dafs die Preise des Inlandes nicht gleichmäfsig in dem Mafse steigen, wie das Papiergeld gegen die Münze gesunken sei, und dafs dadurch der Ausländer im Stande sei

---

[1]) Adam Smith: Untersuchungen über das Wesen und die Ursachen des Nationalreichtums. Dtsch. von Max Stirner. Vergl. Bd. IV S. 11 ff.

[2]) Cours d'économie politique ou exposition des principes, qui déterminent la prosperité des nations. Paris 1823, t. IV S. 213 ff u. S. 222 ff.

[3]) Lehrbuch der politischen Ökonomie. II. Bd. II. Abt. 5. Aufl. § 252 u. 253.

mit gleicher Barsumme mehr einzukaufen. Dadurch aber, dafs die eingeführten Waren am frühsten um den ganzen Betrag der Kursverschiedenheit verteuert würden, und daher viele Personen ihren Aufwand an solchen beschränkten, würde auch die Einfuhr verringert; und dies habe dann eine Verminderung der Ausfuhr zur Folge.

Auch Schäffle[1]) bezeichnet ein Zunehmen des Agios als gleichbedeutend mit einem Schutzzoll, ein Sinken desselben als gleichbedeutend mit einer Zollermäfsigung für die inländische Industrie; die Entwertung aber setze sich bei Papiergeld wie bei Münzgeld allerdings stufenweise, keineswegs mit einem Schlage durch.

Dieser Ansicht schliefst sich gleichfalls Roscher[2]) an. Eine gesunkene Papierwährung übe auf den Gewerbefleifs eine ähnliche Wirkung wie ein Schutzzoll, ja sogar wie eine Ausfuhrprämie, indem es den Fabrikanten gelingt, „einen Teil ihrer Produktionskosten, namentlich was sie ihren Arbeitern, älteren Gläubigern zum Teil auch ihren Rohstofflieferanten zahlen müssen, in geringerem Grade steigen zu lassen, als das Papiergeld an Wert verloren hat."

Bei all diesen Äufserungen hat man das Gefühl, die betreffenden Schriftsteller merken wohl, dafs sich gewisse eigentümliche Vorgänge bei dem Handelsverkehr zweier Länder, von denen das eine ein entwertetes Geldwesen hat, abspielen, sie können sich aber aus der reinen Deduktion keine genaue Rechenschaft geben. Nur bei Storch, der die Folgen der entwerteten Papierwährung in Rufsland daselbst miterlebt hat, finden wir, wie gesagt, ein tieferes Eingehen auf unsere Frage.

Der erste, welcher nach Storch an der Hand umfangreicher Statistik eine wissenschaftlich genaue Untersuchung dieser Frage unternahm, ist Adolf Wagner in seinem hierfür grundlegenden Buche: „Russische Papierwährung".[3]) Schon auf den ersten Seiten seines Buches präzisiert er seinen Standpunkt:

„Der ungünstige Wechselkurs, welcher der Ausdruck der Entwertung der Papierwährung gegen die auswärtigen Metallvaluten ist, erleichtert die Ausfuhr und erschwert die Einfuhr, so lange sich nicht die Preise der Güter im Inlande genau im Verhältnis des Gold- und

---

[1]) Schäffle: Gesellschaftliches System der menschlichen Wirtschaft. 2. Aufl. Tübingen 1868. Vergl. S. 157.
[2]) Roscher: System der Volkswirtschaft. Vergl. Bd. III S. 256 ff.
[3]) Adolf Wagner: Die russische Papierwährung. Riga 1868.

Silberagios erhöht haben, und das geschieht, wie wir näher sehen werden, immer erst in einem langsamen Entwickelungsprozefs." [1])

Es stellt also das Agio für die Exportindustrie eine Ausfuhrprämie, für die inländischen Unternehmungen einen Schutzzoll gegen die ausländische Konkurrenz dar, aber nur so lange als der Binnenwert des Papiergeldes nicht dieselbe Verminderung wie der Aufsenwert erreicht hat. Unter Wertverminderung des Papiergeldes versteht Wagner die Verminderung der Kaufkraft gegen inländische Waren, während er die Verringerung des Wertes des Papiergeldes gegen Metall, wie sie im Wechselkurs zum Ausdruck kommt, Entwertung nennt.

Mit Rücksicht auf die vom Agio ausgehende Preisveränderung teilt Wagner die Güter in drei Arten ein:

1) Auswärtige Waren oder Einfuhrartikel,
2) Ausfuhrartikel,
3) Güter, welche ausschliefslich oder doch vornehmlich Gegenstand der heimischen Produktion und Konsumtion sind. [2])

Die Güter der ersten Art zerfallen wieder in solche, die das Inland selbst nicht hervorbringt oder hervorbringen kann, wo man also im Bezuge auf das Ausland angewiesen ist, und in solche, welche in Konkurrenz mit dem Auslande regelmäfsig erzeugt werden.

„Alle diese Artikel, die eben das Inland nicht hervorbringt," sagt Wagner, „haben am meisten das Streben, sofort um das ganze Agio zu steigen und in ihrer Preisbewegung der Bewegung des Agios genau zu folgen."

Einer vollständigen Gleichmäfsigkeit steht aber der unmittelbare Einflufs von Angebot und Nachfrage entgegen; denn „das Agio ist ein Element der Produktionskosten und wird sich als solches im Marktpreis doch nicht immer sofort geltend machen." „Aufserdem kommen die Marktvorräte und die jeweiligen Kommunikationen mit in Betracht."

Während bei manchen, namentlich minder notwendigen Artikeln sich entweder der Konsum bei gleichbleibenden Preisen einschränkt, oder sich der ausländische Händler mit einem geringeren Gewinn begnügt, um seinen Absatz nicht zu verlieren, oder schliefslich auch der einheimische Händler mit einem geringeren Nutzen verkauft, liegen die Verhältnisse bei den wichtigeren Roh- und Hilfsstoffen, bei

---

[1]) Vergl. S. 4.
[2]) Vergl. S. 100 ff.

stehenden Kapitalanlagen und vor allem bei allgemeineren Konsumsgegenständen, zu denen in erster Reihe das Getreide gehört, ganz anders: „Haben sie doch als Elemente der Produktionskosten die Tendenz, die Preissteigerung weiter zu tragen. Hier ist dann vollends keine genaue Gleichmäfsigkeit zwischen der Bewegung der Preise und des Agios vorhanden."

Ähnliche Regeln gelten für die Preise des erforderlichen auswärtigen Kapitals: „man mufs ihm Silberzinsen resp. Vergütung des Agios in Silber[1]) — also nicht nur das Agio zur Zeit des Antrittkontrakts versprechen."[2])

Von einer gleichmäfsigen Verteuerung kann auch hier wegen der Tendenz, die Preissteigerung weiter zu tragen, nicht die Rede sein; es werden sich z. B. die Tarife auf den mit ausländischem Kapital gebauten Eisenbahnen erhöhen.

Bei den in Konkurrenz mit dem Auslande erzeugten Gütern „wirkt das Agio allgemein als Schutzzoll und zwar in dem Mafse und so lange, als die Entwertung die Wertminderung übertrifft, oder mit anderen Worten, bis die Preise der Waren des Inlands und eventuell auf die Länge die inländischen Produktionskosten dieser Waren um das volle Agio gestiegen sind. Dieser Schutzzollcharakter des Agios zeigt sich besonders in Zeiten raschen und starken Steigens des letzteren, ferner bei gleichbleibendem Agio in kürzeren Zeiträumen, wo die Preissteigerung sich noch nicht allgemein verwirklichen konnte. Je länger ein hohes Agio dagegen bestanden hat, desto mehr wird die Preissteigerung und die Verteuerung der Produktion allgemein werden, so dafs der im Agio liegende Schutz fortfällt."[3])

Bei der Untersuchung der Preisveränderung, welche für inländische Ausfuhrartikel durch das Agio herbeigeführt werden, kommt Wagner zu äufserlich zwar verschiedenen, grundsätzlich jedoch den vorhergehenden gleichen Resultaten.

Liegt für die Ware des Papierwährungslandes ein Monopol für die Versorgung des Auslandes vor, so wird bei gleichbleibender Produktion der Preis natürlich sofort um das ganze Agio steigen.

Bei der Preisveränderung unter der Voraussetzung gleicher Preise des Auslandes kommt es hauptsächlich auf den bisherigen inländischen Preis an, der für die eine Ware schon den Export ge-

---

[1]) Die mögliche Entwertung des Silbers kam damals noch gar nicht in Frage.
[2]) Wagner S. 102.
[3]) Ebenda S. 104.

stattet, für die andere nicht, bei dieser mehr, bei jener weniger. Mitbestimmend ferner sind für die Preise noch die durch die Vermehrung des Papiergeldes hervorgerufene primäre Preissteigerung und die verteuert eingeführten Rohstoffe. „Ferner ist der spezifische Wert eines Artikels, die Lage des Produktionsorts und der Zustand der Kommunikationen, weil davon wieder die Transportfähigkeit und die Möglichkeit des Exports abhängt, von Bedeutung."[1])

Natürlich wird die Steigerung bei Ausfuhrartikeln von hohem spezifischen Wert in Grenzprovinzen mit guten Kommunikationen am ehesten eintreten.

Bei ungünstigen Transportverhältnissen dagegen wird inländisches Getreide mitten im Binnenlande selbst eines stark Getreide ausführenden Staates vielleicht gar nicht teurer. Mitunter wird erst ein besonderer Umstand hinzutreten müssen, um überhaupt eine Übertragung des Agios auf den Preis zu ermöglichen; z. B. führt vielleicht erst eine westeuropäische Mifsernte zu einer stärkeren Nachfrage nach russischem, polnischen und ungarischen Getreide. Zur Befriedigung dieser Nachfrage muss weiter ins Inland zurückgegriffen werden und dadurch kommt erst der Einfluſs des Agios auf den Preis zur Geltung, der sonst vielleicht ganz ausgeblieben wäre. Nach und nach, nach Grad und Zeit verschieden in den einzelnen Landesteilen und Orten macht sich eine allgemeine Verteuerung des Lebens geltend.

„Am schwersten steigen die Arbeitslöhne und vollends die Preise für Dienstleistungen höherer Art", die durch das Herkommen einen festen status haben, und es wird erst einer ganz aufserordentlich starken Preissteigerung bedürfen, diesen status, entsprechend der allgemeinen Preissteigerung der Güter, sofort zu verändern, obwohl zugegeben werden muſs, daſs sich die Löhne auch erhöhen werden, wenn die Preiserhöhungen lange andauern, aber jedenfalls in einem sehr langsamen Tempo.[2])

Zu ähnlichen Resultaten kommt Hertzka in seiner Schrift: „Währung und Handel".[3]) Er giebt zu, daſs in Zeiten zunehmender Valutaverschlechterung der Produzent in der Lage sei, für seine Ware einen in Landesvaluta ausgedrückten höheren Betrag zu erhalten, als den Produktionsbedingungen entsprechen würde, da sich eben der Preis seiner Produkte der Hauptsache nach infolge der Konkurrenz

---

[1]) Wagner S. 108.
[2]) Ebenda S. 109 ff.
[3]) Th. Hertzka: Währung und Handel. Wien 1876. Vergl. S. 36 ff.

nach dem Weltmarktpreise, in Metallgeld berechnet, richte. Würden sich nun die Produktionskosten sofort erhöhen, so wäre der Nutzen nur ein einmaliger — nämlich nur für die Waren, die vor der Valutaverschlechterung fertig gestellt wurden.

In Wirklichkeit aber wird der Preis durch die Thatsache der scheinbar billigen Erzeugungskosten, — (mit „scheinbar" will er den Verlust am Nationalvermögen durch die zum Schaden des Inlandes zu billig an das Ausland abgegebenen Produkte bezeichnen) — und der Konkurrenz solcher scheinbar billigerer Waren auf dem Markte gedrückt, und dies in desto höherem Mafse, je mehr der Preis blos durch die inländische Konkurrenz und je weniger er durch die ausländische beeinflufst werden kann.

Namentlich im kleinen Verkehr und in Lohnverhältnissen, — d. h. also überall dort, wo eine fremdländische Konkurrenz fast gänzlich fehlt, wird sich vorerst eine Wirkung der Geldentwertung nur äufserst langsam geltend machen. Die Preise und Löhne werden daher anfänglich entweder gar nicht oder nur ganz allmählich in sehr langsamem Tempo steigen. Der Produzent wird also relativ, d. h. im Vergleich zu früher billiger produzieren und folglich mit gröfserem Nutzen verkaufen können. Aber diese relative Billigkeit kann, wie auch Wagner zugiebt, nur auf Kosten des Arbeiterstandes ermöglicht werden.

Sinkt das Papiergeld aber nicht ständig, sondern bleibt es für längere Zeit im Werte annähernd gleich, so werden die in der Periode der fortgesetzten Entwertung zurückgebliebenen Löhne und Preise im Kleinverkehr sich auch allmählich heben und schliefslich eines Tages den vom Weltmarktpreise diktierten Warenpreisen entsprechen. In diesem Moment werden dann die Unternehmer unter genau denselben Bedingungen produzieren, wie vor Beginn der Entwertung.

Darin stimmt also Hertzka mit Wagner überein, dafs eben die Exportbegünstigung nur so lange dauert, als im Auslande keine entsprechende Wertverminderung des Papiergeldes gegenüber den Landesprodukten eingetreten ist, dafs andrerseits der Ausgleich ganz allmählich stattfindet.

Sinkt nun aber das Agio, so werden die Preise der unter der Konkurrenz des Weltmarktes stehenden Produkte dementsprechend — in Landesvaluta umgerechnet — sinken, allerdings — und zwar aus denselben Gründen, die bei dem Steigen des Agios vorlagen — nicht in einem, der Valutaverbesserung sofort entsprechendem Mafse.[1]

---

[1] Hertzka S. 42 ff.

Die Preise im Kleinverkehr und die Löhne werden zunächst auf derselben Höhe bleiben. Eben deswegen wird der Produzent von Ausfuhrwaren bei den in Landeswährung umgerechneten Preisen, die er jetzt im Auslande erzielt, sicherlich bald eine Verminderung seines Gewinnes bemerken.

Hatte Wagner versucht seine Theorie auf Grund russischen, Hertzka durch österreichisch-ungarisches statistisches Material zu beweisen, so wählte Julius Wolf[1]), als auch Ostindien seit 1881 in die Reihe der für den Weltmarkt mafsgebenden Weizenexportländer getreten war, zu einer ähnlichen Untersuchung dieses Land, das infolge der Entwertung des Silbers in eine ähnliche Lage gekommen war, wie die Länder mit schwankender Papierwährung.

Auch er kommt im wesentlichen zu denselben Resultaten wie die beiden vorher genannten Schriftsteller. Überhaupt ist der Einflufs der Silberentwertung auf die Aus- und Einfuhr des ostasiatischen Landes mehr und mehr zu einem Kardinalpunkt der bimetallistischen Lehre geworden.

In den populären bimetallistischen Agitationsschriften wird dieses Thema in stark übertriebener Weise behandelt, indem man die Zugeständnisse der wissenschaftlichen Schriftsteller betont, dagegen das einschränkende „aber" übersieht.

So werden handgreiflich unwahre Behauptungen, die aber auf die urteilsunfähige Masse grofsen Eindruck machen, immer wiederholt, z. B. dafs der Rubel in Rufsland noch immer den inländischen Waren gegenüber 3,20 Mk. wert sei, der argentinische Peso bei 300 % Agio noch ebensoviel im Inlande gelte wie früher.

Von derartigen Ausschreitungen und Übertreibungen halten sich natürlich die wissenschaftlichen Vertreter des Bimetallismus im allgemeinen fern. Aber sie schreiben doch der Entwertung des Silbers und der entwerteten Papierwährung wichtiger Getreideproduktionsländer einen ganz hervorragenden und entscheidenden Anteil, einerseits an der Herabdrückung der europäischen Getreidepreise, andrerseits an der ungünstigen Gestaltung der Lage der auf die Ausfuhr nach Ostasien angewiesenen industriellen Unternehmungen zu.

Wir wollen uns hier darauf beschränken, kurz die Ansicht des litterarischen Führers der Bimetallisten, Dr. Otto Arendt[2]) wieder-

---

[1]) Julius Wolf: Thatsachen und Aussichten der ostindischen Konkurrenz im Weizenhandel. Tübingen 1886.

[2]) Otto Arendt: Leitfaden der Währungsfrage. Berlin 1895. Vergl. S. 18 ff.

zugeben. Er sagt in seinem „Leitfaden der Währungsfrage": „China hat Silberwährung, Rufsland Papierwährung. Der Chinese braucht Silbertaëls, der Russe Papierrubel, damit befriedigen sie ihre Lebensbedürfnisse, zahlen sie Löhne, Zinsen, Steuern. Alle diese Zahlungen in Taëls oder Rubel bleiben dieselben, gleichviel wie der Taëlkurs in London oder der Rubelkurs sich in Berlin gestaltet. Deshalb ist auch der chinesische Produzent zufrieden, wenn er für seine Erzeugnisse den gleichen Preis in seinem Gelde erhält, ob sein Geld im Auslande mehr oder weniger gilt, kümmert ihn nicht. Der Exporteur kauft mit einem geringeren Betrage englischen oder deutschen Geldes dasselbe Quantum chinesischen oder russischen Geldes, wenn dieses sich entwertet hat; er kauft also, während der Verkäufer thatsächlich den gleichen Preis erhielt, trotzdem billiger und die Konkurrenz sorgt dafür, dafs er diesen Preisunterschied nicht in die Taschen steckt, er mufs also im Einfuhrlande billiger verkaufen."

„Wenn also eine Valutadifferenz entsteht," fährt er fort, „so wirkt sie dahin, dafs das Land mit entwerteter Valuta billiger verkauft, also die Preise in diesem Lande herabdrückt. Umgekehrt mufs aber auch das Land mit hoher Valuta an das Land mit entwerteter Valuta billiger verkaufen, so dafs die Valutadifferenzen die Preise in doppelter Weise drücken."

Diese Darstellung ist offenbar sehr einseitig, da die auf Ausgleichung der Preise zwischen dem Lande mit unterwertiger Valuta und dem Weltmarkte wirkenden Faktoren ganz unberücksichtigt bleiben.

In Frankreich hat vor kurzem Théry [1]) die bimetallistische Lehre von dem Einflufs der unterwertigen Valuta auf Aus- und Einfuhr gewissermafsen als etwas ganz neues vorgetragen und damit einiges Aufsehen hervorgerufen. Er weifs seine Sache geschickt zu führen, verfällt aber ebenfalls in starke Übertreibung, z. B. wenn er sagt: „Les crises de „credit exterieur" et la hausse des changes sont favorables aux pays qui les subissent." [2]) Ein Land müfste sich also hiernach um so besser befinden, je mehr sich sein Geld entwertet!

Einen gewissermafsen vermittelnden Standpunkt nimmt Professor Lexis ein.

In seinem jüngst erschienenen Aufsatz „the agio on gold and

---

[1]) Edmond Théry: La Crise des changes. Paris 1894.
[2]) Vergl. S. 36 ff.

international trade" im „Economic Journal"[1]) faſst er seine Ansichten über unsere Frage zusammen.

Er hebt hervor, daſs in der Statistik der Warenausfuhr und Einfuhr ein direkter Einfluſs der Bewegungen des Agios meistens garnicht zu erkennen sei und sogar das Gegenteil der nach der Theorie zu erwartenden Änderung hervortrete. Auch zeige sich häufig, daſs ein Sinken oder Steigen der Landeswährung im Wechselkurse sofort in den Ausfuhrmärkten des Landes eine Bewegung der Warenpreise im entgegengesetzten Sinne hervorrufe. Es bestehe eine kontinuierliche Wechselwirkung zwischen dem Weltmarktpreise und dem inländischen Preise der Ausfuhrwaren; eine erhebliche, als sichtbare Ausfuhrprämie wirkende Preisdifferenz zu Gunsten des exportierenden Papier- oder Silberwährungslandes könne daher bei Welthandelswaren gar nicht entstehen, vielmehr diene bei den heutigen Konkurrenzverhältnissen die Valutadifferenz nur dazu, den Ausfuhrwaren des betreffenden Landes auf dem Weltmarkte noch Absatz mit dem normalen Gewinn zu verschaffen, bei einem Goldpreise, der ohne die Kursdifferenz nicht mehr lohnend gewesen wäre. Die Konkurrenz dieser Waren auf dem Weltmarkte werde also thatsächlich erleichtert, wenn diese Wirkung auch nicht isoliert dargestellt werden könne, sondern nur einen Faktor unter vielen anderen preisbestimmenden Faktoren bilde, durch die sie äuſserlich gänzlich verdeckt werden könne.

In ähnlicher Art finde auch eine Erschwerung der Einfuhr ausländischer Waren durch das Steigen des Agios statt, und es sei nicht richtig, daſs Vermehrung der Ausfuhr auch eine Vermehrung der Einfuhr bewirke. Die Länder mit unterwertiger Valuta seien dem Auslande verschuldet und müſsten groſse Mengen Waaren ausführen, nicht im Austausche gegen Einfuhrwaren, sondern um ihre Zinsen im Auslande zu bezahlen; je mehr ihre Valuta aber sinke, um so grösser müſsten diese nicht durch Einfuhr auszugleichenden Warensendungen werden.

Der Einfluſs der unterwertigen Valuta auf die Aus- und Einfuhr sei also vorhanden, wenn auch häufig durch andere Einflüsse verdeckt und daher nicht isoliert erkennbar; andrerseits aber dürfe diese Wirkung auf die Weltmarktpreise nicht überschätzt werden, namentlich sei sie hinsichtlich der Ausfuhrwaren um so kleiner, je

---

[1]) The Economic Journal 1895 Nr. 20.

geringer die Quote sei, die das betreffende Land zu der gesamten Zufuhr auf dem Weltmarkte beitrage.

Es fehlt aber auch nicht an entschiedenen Gegnern der Lehre von dem Einfluſs der unterwertigen Valuta auf den auswärtigen Handel. Als solcher ist in der neuesten Zeit namentlich Dr. K. Elstätter aufgetreten, der unter anderem in Bezug auf die indische Weizenausfuhr behauptet,[1]) daſs der Fall des Silberpreises auch nicht den allermindesten Einfluſs auf den Weizenexport habe, daſs vielmehr die Kaufkraft der Silberrupie in den letzten Jahren dem Getreide gegenüber ganz beträchtlich (und zwar ähnlich wie der Silberkurs fiel) gefallen sei, daſs das Billigerwerden des indischen Getreides auf den europäischen Märkten der Verbesserung und Verbilligung der Verkehrsverhältnisse, sowie der besseren Organisation des Handels zuzuschreiben sei, und schlieſslich, daſs nicht Indien die Getreidepreise auf den europäischen Märkten bestimme, sondern umgekehrt von dort bloſs Getreide ausgeführt würde, sofern die indischen Ernteverhältnisse und die europäischen Weizenkurse es rentabel machten.

Sicherlich haben sich in den letzten Jahrzehnten in Indien die Kommunikationsverhältnisse verbessert, die Transportkosten nach Europa erheblich verbilligt. Dies sind eben Faktoren, welche die Preise mitbestimmen, nicht aber allein bestimmen.

Wenn Elstätter sowohl das Steigen der Löhne für gelernte und ungelernte Arbeiter, als auch das der Warenpreise als Beweis für die verminderte Kaufkraft der Rupie ansieht, so ist es doch noch sehr zweifelhaft, ob gerade in einem Lande wie Indien, das — wie Elstätter selbst zugiebt — noch derartig unter der Herrschaft von Sitte und Herkommen steht, z. B. eine Lohnsteigerung der Maurer, Zimmerleute und Grobschmiede von 1873/76—1887/91 um 16 %, die der Landarbeiter von 1887—1891 um 6 %,[2]) — von 1873—1886 waren sie sogar im allgemeinen etwas gesunken — lediglich durch die verminderte Kaufkraft der Rupie zu erklären ist. Sollten da nicht doch noch andere Gründe mitbestimmend sein?!

Zuvörderst bietet die in den letzten zwei Dezennien stattgefundene wirtschaftliche Entwickelung Indiens einen hinlänglichen Erklärungsgrund dafür. Besonders die indische Industrie, die vorher noch in den Kinderschuhen steckte, ist rasch zu stattlicher Blüte emporgediehen.

---

[1]) Dr. Karl Elstätter: Indiens Silberwährung. Stuttgart 1894 S. 47 ff.
[2]) Vergl. Elstätter S. 39 ff.

Aber selbst zugegeben, die Höhe der Löhne stände in einem Zusammenhang mit der Silberentwertung, so könnte dieser doch nur ein nebensächlicher sein. Denn wären die Löhne in demselben Verhältnis gestiegen, wie der Silberpreis in den Jahren 1887/91 gegen Gold gesunken ist, hätten sie 36 % höher stehen müssen als 1873.

Auch die indischen Weizenpreise von 1892 lassen sich nicht auf die Silberentwertung zurückführen, da sie infolge der russischen Mifsernte ungewöhnlich hoch waren. Im folgenden Jahre ist der Weizen in Indien, wie überall, wieder gesunken. Zugleich nahm die indische Weizenausfuhr stark ab, während der Kurs der Rupie im Jahre 1893/94 tiefer als jemals sank. Daraus folgt aber nicht, dafs dieser Kurs gar keinen Einflufs auf die Ausfuhr ausgeübt hat, denn diese würde ohne Zweifel auf einer noch erheblich niedrigeren Ziffer geblieben sein, wenn sie durch die grofse Silberentwertung[1] nicht begünstigt worden wäre.

Selbst Ludwig Bamberger[2], der verdienstvolle Vorkämpfer für die deutsche Goldwährung, geht längst nicht soweit wie Elstätter. Er ist zwar nie genauer auf unsere Frage eingegangen, seine Ansicht geht aber im ganzen dahin, dafs, wenn überhaupt, so könne „im äufsersten Falle" nur ein mitwirkender Einflufs, keineswegs aber ein alleinbeherrschender, auf den Weltmarktpreis durch den infolge der unterwertigen Valuta hervorgerufenen Anreiz zum Export zugegeben werden.

Er bestreitet aber, dafs dadurch eine Verbilligung des europäischen Getreides entstehen könne. Denn der Weltmarktpreis würde hierbei ja nicht durch das am wohlfeilsten produzierende Land, sondern durch das teuerst produzierende bestimmt.

In einer isolierten Volkswirtschaft tritt dieser abstrakte volkswirtschaftliche Satz wohl voll in Kraft; dafs er aber für die in schärfster weltwirtschaftlicher Konkurrenz erzeugten Produkte nicht allgemein gelten kann, läfst sich durch zahlreiche Erfahrungen mit Leichtigkeit nachweisen.

Wenig abweichend von Bambergers Anschauung ist die Karl

---

[1] Elstätter stimmt in seiner extremen Ansicht auch nicht mit seinem Lehrer Professor Lotz überein, der in den „Ergebnissen der deutschen Silberenquete" sagt: „Ich gehe allerdings nicht soweit wie dieser Autor (Elstätter), anzunehmen, dafs der Fall des Silberpreises auch nicht den allermindesten Einflufs auf den Weizenexport hätte." (Schmollers Jahrbücher XIX 3. Heft.)

[2] Ludwig Bamberger: Die Stichworte der Silberleute. Berlin 1893. Vergl. S. 62 ff. u. 67 ff.

Helfferichs, der mit scharfer Feder einen unerbittlichen Kampf gegen den Bimetallismus und seine Forderungen führt. In seinen, für den „Verein zum Schutze der deutschen Goldwährung" recht klar geschriebenen Broschüren: „Über die Währungsfrage" und „Währung und Landwirtschaft" giebt er die durch die unterwertige Valuta hervorgerufenen Änderungen im Handelsverkehr in einem „beschränkten Sinne" zu; allein nur solange, als der über kurz oder lang eintretende Ausgleich sich nicht vollzogen hat, treffen die von den Bimetallisten behaupteten Wirkungen „theoretisch" zu.[1]

Dieses Eingeständnis ist von gröfster Wichtigkeit. Denn wie wir im Verlaufe unserer Arbeit sehen werden, hat sich dieser Ausgleich, wo überhaupt, jedenfalls nur sehr langsam vollzogen — und dafs dann wenigstens innerhalb dieser Zeit die zugegebenen theoretischen Schäden einen höchst reellen Charakter erhalten werden, dürfte wohl kaum zu bezweifeln sein.

Auf einem gemäfsigten Standpunkt steht Launhard.[2] Er giebt zu, dafs der durch den vermehrten Silberabflufs nach Indien hervorgerufene Preisrückgang des Silbers — und damit des indischen Wechselkurses — eine Vermehrung der Ausfuhrmengen und eine Verminderung der Einfuhrmengen nach Indien bewirkt habe, dafs durch die Valutadifferenzen diejenigen Produktionszweige der Goldwährungsländer litten, die an der Ausfuhr nach Indien beteiligt seien, oder unter dem Wettbewerb einer Einfuhr aus Silberländern stehen.

Dadurch aber, dafs die Ausfuhr aus Indien gestiegen, die Einfuhr sich vermindert habe, sei die der Bevölkerung zur Verfügung stehende Gütermenge vermindert worden und nur zu einem höheren Preise zugänglich. Dies führe zu einem Kampf um Erhöhung des Einkommens, namentlich des Arbeitslohnes und der Gehälter, der nicht eher ende, als bis die Löhne derartig gestiegen wären, dass man zur früheren Lebenshaltung zurückkehren könne.

Andrerseits würde durch die Erhöhung des Einkommens die Nachfrage nach Gütern gesteigert, der Preis erhöhte sich, die frühere Einfuhrmenge würde wieder möglich und der vermehrte Abflufs von Gütern ins Ausland hörte auf. Dadurch stiegen dann wieder die Preise der betreffenden Güter in Europa — und „alle Wirkungen der Differenzen verschwinden".[3]

---

[1] Vergl. Helfferich S. 36 ff.
[2] W. Launhard: Mark, Rubel, Rupie. Berlin 1894.
[3] Vergl. Launhard S. 42 ff.

Abgesehen davon, dafs, wie schon erwähnt, gerade die Löhne stets eine starke Beharrungstendenz zeigen, stehen die Arbeiter in Indien trotz der beginnenden Ausbreitung der Fabriken noch immer auf einer sehr niederen Stufe, Koalitionen zur Besserung der Arbeitsbedingungen kommen noch gar nicht vor und es sind daher dort die einer allgemeinen Lohnerhöhung entgegenstehenden Schwierigkeiten besonders grofse.

So würde denn der ganze Ring der Preisbewegung, den der Verfasser konstruiert, illusorisch werden, giebt er doch z. B. selbst zu, dafs eine solche Ausgleichung der Folgen der Valutadifferenz bei dem seit den letzten 20 Jahren andauernden Sinken des Silberwertes kaum begonnen haben konnte, als durch die 1893 erfolgte Einstellung der indischen Silberprägungen eine neue Gleichgewichtsstörung begann.

In Frankreich hat sich aus Anlass der Théry'schen Schrift namentlich Levasseur entschieden gegen die Lehre von dem Einflufs der Valutadifferenz gewandt.[1]) Mit Recht wirft er Théry vor, dafs seine Zahlen nicht beweisend seien, dafs er Zahlen immer nur für die Zeitabschnitte anführe, die mit seiner Theorie stimmen, im entgegengesetzten Falle sie unberücksichtigt liefse.

Aber auch die von Levasseur angeführten Zahlen sind für seine Ansicht nicht beweiskräftig. Wenn in den Jahren 1889—1893 der Import und Export der Länder mit unterwertiger Valuta bedeutend gefallen sei — z. B. in Argentinien der Export von 600 auf 472 Millionen Peso, der Import von 820 auf 481 Millionen Peso, so kann daraus in keiner Weise der Schlufs gezogen werden, eine Ausfuhrbegünstigung durch die Valutaverhältnisse fände nicht statt; denn dieser Faktor wirkt, wie schon oft bemerkt, nicht allein, sondern gleichzeitig mit vielen anderen, mit zum Teil entgegengesetzter Wirkung.

Zu derselben jede Ausfuhrbegünstigung durch die unterwertige Valuta verneinenden Ansicht kommt auf einem anderen, eigenartigen Wege der frühere holländische Minister Pierson.[2])

Er argumentiert folgendermafsen: Angenommen, der Lohn stiege in dem Lande mit unterwertiger Valuta nicht im Verhältnis zum Agio und die Produktion daselbst vergröfsere sich, z. B. in Argentinien. Wir müssen das mehr erzeugte Getreide bezahlen und zwar mit

---

[1]) Vergl.: L'économiste français No. 19 1895. Les Discussions de la Société d'économie politique de Paris: l'influence d'une monnaie dépréciée sur les importations et les exportations d'un pays.

[2]) N. G. Pierson: Goldmangel? Zeitschrift für Volkswirtschaft, Sozialpolitik und Verwaltung. Bd. IV, Heft I. Wien. Vergl. S. 47 ff.

Gütern, da doch ein Land mit sich vermehrendem, uneinlöslichem Papiergelde nicht beständig Gold einführen werde. Es sei also der Handel zwischen uns und Argentinien ein reines Tauschgeschäft, der offenbar günstig für uns sein müsse, da wir ihn ja sonst nicht eingehen würden. Wenn wir also mit Getreide „überströmt" würden, müfste Argentinien seinerseits mit europäischen Gütern überflutet werden auf Kosten seiner Industrie und seiner Arbeiter.

Diese Beweisführung hat etwas sehr einleuchtendes und ist auch richtig für den Fall, dafs die Verhältnisse so liegen, wie sie Pierson angiebt. In Wirklichkeit sind sie aber ganz andere, und darin zeigt sich der Fehler dieser Argumentation.

Nicht wir senden Waren an Argentinien, um damit unsere durch die Einfuhr argentinischen Weizens entstandenen Schulden zu begleichen, sondern vielmehr Argentinien zahlt seine Schulden, die es im Auslande kontrahiert hat, in Getreide und anderen Rohstoffen.

Da nun diese Schulden in der Regel in Gold zurückzahlbar sind, so mufs Argentinien bei sinkendem Kurse desto mehr exportieren. Für diesen Mehrexport tritt aber dann keine vergröfserte Ausfuhr von Seiten Europas ein.

Da Argentinien selbst kein Gold besitzt und seine Schulden nur mit Waren bezahlen kann, so mufs der Wechselkurs so lange sinken, bis der Absatz seiner Produkte in Europa trotz der grofsen Konkurrenz ohne Verlust für die Exporteure möglich wird; und darin liegt eben die Begünstigung der Ausfuhr durch die sinkende Valuta, freilich aber auch der volkswirtschaftliche Nachteil derselben infolge des ungünstigen Umtauschverhältnisses zwischen der inländischen und der ausländischen Arbeit.

Wir haben im vorhergehenden gesehen, dafs die Ansichten über die uns beschäftigende Frage weit auseinandergehen. Die einen leugnen im wesentlichen jeglichen Einflufs einer unterwertigen resp. schwankenden Valuta, die anderen leiten aus der behaupteten gröfseren Konkurrenzfähigkeit der Nichtgoldwährungsländer die in erster Linie traurige Lage der Landwirtschaft her und prophezeien auch die baldige Vernichtung des Exports nach solchen Ländern.

Ich will nun im folgenden an der Hand russischen und deutschen statistischen Materials unsere Frage untersuchen und festzustellen suchen, ob überhaupt und in welcher Art die unterwertige Valuta Rufslands auf seine Handelsbeziehungen mit Deutschland gewirkt hat.

Den Argumenten derjenigen, welche aus dem hohen Goldagio auf eine direkte Ausfuhrbegünstigung schliefsen, wird von Seiten ihrer Gegner stets entgegengehalten, dafs die einfachen Thatsachen dieser Behauptung direkt widersprächen; denn es liefse sich nicht nur kein Zusammenhang zwischen steigendem Goldagio und vergröfserten Ausfuhrziffern herstellen, sondern es sei oftmals gerade das Gegenteil der Fall: dafs nämlich bei steigendem Agio die Ausfuhr abnehme, bei sinkendem Agio dagegen sich vergröfsere. Es seien vielmehr die Ernteverhältnisse, sowohl die des einführenden als die des ausführenden Staates mafsgebend und die dadurch bestimmten Getreidepreise des ersteren.

Vergleicht man mit der Ausfuhrziffer des russischen Getreides den jeweiligen Stand des Rubelkurses, so wird man in der That keinen offen darliegenden Zusammenhang finden, oftmals dagegen eine, den erwarteten Folgen entgegengesetzte Erscheinung.

Deutschland[1] importierte z. B. im Jahre 1889 bei einem durchschnittlichen Rubelkurs von 214,50 im ganzen 12 Millionen Doppel-

---

[1] Vergl. auch die graphische Darstellung auf Tabelle XVII.

Tabelle I.

Einfuhr von Weizen aus Rufsland nach England und Deutschland in 100 kg.

			Durchschnitts-Rubelkurs				Durchschnitts-Rubelkurs
1885	England[1]	5 987 822		1890	England	9 694 512	
	Deutschland[2]	3 232 215			Deutschland	3 761 616	
	Summa	9 220 037	204,50		Summa	13 456 128	236,50
1886	England	1 860 331		1891	England	7 276 452	
	Deutschland	1 416 877			Deutschland	5 162 387	
	Summa	3 277 208	199,50		Summa	12 438 839	224,50
1887	England	2 750 690		1892	England	2 181 493	
	Deutschland	2 509 864			Deutschland	2 573 391	
	Summa	5 260 554	181,50		Summa	4 754 884	205,00
1888	England	10 725 173		1893	England	5 030 994	
	Deutschland	1 497 190			Deutschland	216 365	
	Summa	12 222 363	189,50		Summa	5 247 359	213.50
1889	England	10 655 152		1894	England	8 387 940	
	Deutschland	3 045 521			Deutschland	2 809 875	
	Summa	13 700 673	214,50		Summa	11 197 815	220,00

zentner Roggen und Weizen aus Rufsland, während es bei dem Kurse von 181,50 im Jahre 1887 nur ungefähr die Hälfte eingeführt hatte.

Ein umfassenderes Bild erhalten wir, wenn wir die russische Weizenausfuhr nach Deutschland und England[3] in dem Dezennium 1885/94 mit dem jeweiligen Rubelkurse vergleichen. (Siehe Tab. I.)

Wir sehen also im Jahre 1886 ein äufserst starkes Zurückgehen der russischen Ausfuhr, trotzdem der Rubelkurs gesunken ist; in den folgenden Jahren finden wir dagegen mit dem weiteren Sinken des Rubels eine Steigerung des Exports verbunden, die im Jahre 1888

---

[1] Die Zahlen für England sind entnommen dem Statistical Abstract for the United Kingdom Nr. 41.

[2] Für Deutschland den Monatsheften resp. Vierteljahrsheften zur Statistik des deutschen Reiches.

[3] Vergl. auch die graphische Darstellung auf Tabelle XVI.

gewaltige Dimensionen annimmt, trotzdem der Rubel etwas gestiegen ist; im Jahre 1889 steigt die Ausfuhr noch weiter, obgleich auch der Rubel in erheblichem Maſse steigt. Im folgenden Jahre hat der Rubel eine Höhe erreicht, wie sie seit 1876 nicht dagewesen ist; trotzdem ist die Ausfuhr nur ganz minimal kleiner als 1889. Im Jahre 1891 fallen Kurs wie Export, jener nicht unerheblich, dieser nur wenig. Trotzdem der Rubelkurs im folgenden Jahre ganz bedeutend gefallen ist, steigt die Ausfuhr nicht nur nicht, sondern sie fällt ganz enorm, nämlich von $12^{1}/_{2}$ Millionen Doppelzentner auf $4^{1}/_{2}$ Millionen Doppelzentner. Das Jahr 1893 zeigt für Ausfuhr wie für den Kurs eine geringe Steigerung. Dieselbe hält auch für das folgende Jahr an, andrerseits aber steigt auch die Ausfuhr um mehr als das doppelte des vorhergehenden Jahres.

Geht man ferner näher darauf ein, wie sich der russische Weizenexport auf England und Deutschland verteilt, so kann man nur noch mehr in der Ansicht bestärkt werden, daſs nicht der Rubelkurs, sondern nur die Marktverhältnisse des Einfuhrlandes für die Weizenausfuhr Ruſslands entscheidend wirken. So steigt z. B. im Jahre 1888 bei ganz geringer Kurssteigerung die englische Einfuhr von russischem Weizen um das vierfache des vorhergehenden Jahres, während die Einfuhr Deutschlands zurückgeht. Im Jahre 1891 geht bei sinkendem Kurse die englische Einfuhr zurück, während sich die deutsche hebt.

Trotzdem aber alle diese Zahlen für die Gegner der Valutatheorie zu sprechen scheinen, so darf man ihnen doch keine ausschlaggebende Beweiskraft beilegen. Aus einer bloſsen Nebeneinanderstellung statistischer Zahlen darf man überhaupt nicht zu viel schlieſsen; man muſs die Entstehung dieser Zahlen erforschen, ihnen mehr auf den Grund gehen und gelangt dann oft zu wesentlich anderen Resultaten. — So wird sich aus der weiteren Untersuchung ergeben, daſs trotz der obigen Tabelle ein Einfluſs des sinkenden Rubelkurses auf die Ausfuhr vorhanden ist.

Ein zweiter Einwand, der gegen die Ansicht von der Begünstigung der Ausfuhr durch das Sinken des Kurses erhoben wird, ist der, daſs mit dem Goldwerte des Rubels auch seine Kaufkraft gegen russisches Getreide entsprechend steige oder falle, das heiſst mit andern Worten, daſs wenn der Rubelkurs sinkt, der Getreidepreis in den Ausfuhrhäfen steige und umgekehrt; durch diese Preissteigerung aber würde dann wieder die Ausfuhrbegünstigung, die in dem niedrigen Stande des Rubels läge, aufgehoben.

Tabelle II.
Durchschnittliche Rubelkurse und Getreidepreise (in Rubeln) auf russischen Märkten.

pro 1000 kg	Odessa				Nicolajew		
	Roggen	Winterweizen	Sommerweizen	Rubelkurs	Roggen	Azimaweizen	Ghirkaweizen
1885 86[1]	41,50	62,50	62,00	200,00	41,50	66,00	62,00
1886 87	42,50	71,00	69,00	185,50	43,00	68,50	69,00
1887 88	37,00	65,50	63,00	178,50	38,50	64,00	63,50
1888 89	36,00	60,00	55,50	213,50	36,00	60,00	56,50
1889 90	41,50	58,50	57,50	224,50	42,00	60,00	58,50
1890 91	49,50	59,00	57,50	239,50	52,00	62,00	59,00
1891 92	64,50	72,50	67,50	206,00	66,00	69,50	68,50
1892 93	45,00	55,00	51,50	210,00	46,00	58,50	53,00
1893 94	30,50	40,00	39,00	217,50	33,00	41,00	40,50
1894 95	31,50	37,50	37,50	220,00	—	—	—

Im wesentlichen stimmt auch Professor Conrad dieser Ansicht zu [2]), indem er zwar eine Beeinflussung der Ausfuhr nicht direkt leugnet, ihr aber nur eine ganz untergeordnete Bedeutung beilegt. Zu diesem Resultat kommt er durch Aufstellung einer Tabelle, in der er den Zusammenhang des Rubelkurses mit den russischen und deutschen Getreidepreisen darlegt, und zwar nimmt er hierzu die Jahre 1875—1890.

Tabelle II enthält eine ausführliche Zusammenstellung von russischen Getreidepreisen und den gleichzeitigen durchschnittlichen Rubelkursen. Ein bestimmter Zusammenhang zwischen diesen und jenen läfst sich in der That nicht erkennen.

So bewegt sich z. B. der in Rubeln ausgedrückte Weizenpreis in Odessa bisweilen im entgegengesetzten Sinne wie der Rubelkurs; so von 1891/92 bis 1894/95. In diesen Jahren gehen bei steigenden Kursen die Preise in Odessa in noch stärkerem Verhältnis zurück. Das umgekehrte Bild zeigt sich uns in den Jahren 1886/87 und 1887/88: Der Rubelkurs sinkt und mit ihm auch die Getreidepreise,

---

[1]) Erntejahre vom 1./10.—30./9. des folgenden Jahres angenommen.
[2]) Vergl. Jahrbücher für Nationalökonomie und Statistik 1891 Bd. I S. 492 ff., 1894 Bd. VII S. 316 ff.

während von 1889/90 bis 1890/91 Kurs und Preise gleichzeitig in die Höhe gehen.

Wenn die Gegner der Valutatheorie sich auf das erste Beispiel berufen konnten, so stehen die beiden anderen ihrer Ansicht entgegen. In Wirklichkeit läfst sich auch hier nichts entscheiden ohne Berücksichtigung der allgemeinen Produktions- und Weltmarktverhältnisse.

Wir wollen nun an der Hand beifolgender Tabellen III—VI noch genauer auf die Einzelheiten eingehen, indem wir einerseits die durchschnittlichen Vierteljahrspreise von Weizen und Roggen in Odessa, Nicolajew und St. Petersburg mit den deutschen Preisen in Bremen

Tabelle III.

Odessaer Vierteljahrsdurchschnittspreise (1000 kg in Rubeln).

	Winterweizen	Sommerweizen	Roggen		Winterweizen	Sommerweizen	Roggen
1885	59,00 60,50 60,50 59,00	57,00 58,00 58,00 55,50	44,50 46,00 44,50 39,50	1890	60,00 59,00 53,50 54,50	58,00 57,50 54,50 52,00	45,00 40,50 38,50 42,50
1886	61,50 67,00 63,50 67,00	61,00 69,00 65,50 66,50	41,50 41,50 40,50 41,50	1891	57,50 64,00 68,50 72,50	53,00 63,50 66,50 72,00	45,50 54,50 68,50 70,00
1887	73,50 76,00 64,00 62,50	71,00 73,00 62,00 60,50	44,00 46,00 38,00 38,00	1892	71,00 60,50 60,00 59,00	70,50 63,00 60,00 52,50	71,50 53,50 50,00 49,00
1888	69,50 68,50 60,50 62,00	69,50 64,00 60,50 56,00	39,50 38,00 35,00 35,50	1893	51,00 58,00 47,00 44,00	52,50 50,50 47,00 41,50	45,00 44,50 38,50 32,00
1889	60,00 55,50 58,50 58,50	53,50 53,50 57,50 57,50	35,50 33,00 39,50 42,50	1894	40,50 37,00 35,50 35,50	40,50 38,50 35,50 30,00	31,50 30,00 30,00 26,00
				1895	35,00 42,50 36,50 40,50		29,00 37,00 31,50 31,00

Tabelle IV.

Nicolajewer Vierteljahrsdurchschnittspreise (1000 kg in Rubeln).

	Winterweizen Azima	Sommerweizen Ghirka	Roggen		Winterweizen Azima	Sommerweizen Ghirka	Roggen
1885	59,50 60,60 63,50 64,50	52,50 57,00 54,00 58,50	44,00 46,50 45,00 40,00	1890	58,00 60,50 56,00 54,50	58,50 58,50 55,00 54,00	45,00 39,00 39,00 42,50
1886	66,00 74,50 65,50 67,50	64,50 69,50 63,50 67,00	42,00 42,50 42,00 42,00	1891	60,50 67,50 74,50 76,50	55,00 65,00 69,00 72,50	45,00 55,00 71,00 74,00
1887	75,00 — 63,50 65,50	71,50 74,00 60,00 62,00	45,00 45,00 37,50 43,50	1892	71,50 61,50 62,50 65,50	71,50 65,50 57,50 55,00	60,00 56,50 47,50 49,50
1888	60,00 67,50 59,50 63,50	65,00 67,50 60,00 56,50	38,00 38,00 34,50 34,00	1893	53,50 56,00 45,50 —	53,50 54,50 47,50 42,50	44,00 46,50 37,00 32,50
1889	56,50 58,50 62,00 63,00	54,50 55,00 59,50 57,00	34,50 35,00 38,50 42,00	1894	— — 37,00 38,00	40,50 38,00 35,50 32,50	33,00 34,00 29,50 27,00
				1895	36,50 43,50 39,00 41,00	— — — —	29,50 36,00 31,00 32,00

Tabelle V.
St. Petersburger Vierteljahresdurchschnittspreise pro 1000 kg in Rubeln.

Jahr		Weizen Saksonka	Weizen Samarka	Roggen schwerer	Roggen gewöhnlicher
1885		67,00—73,00	61,00—70,00	50,00—54,00	49,50—53,50
		67,00—73,00	61,00—70,00	50,00—54,00	49,50—53,50
		64,00—67,00	55,00—64,00	54,00—57,50	53,50—61,00
		64,00—70,00	64,00—67,00	57,50—61,00	57,00—61,00
1886		67,00—73,00	61,00—67,00	46,50—50,00	45,50—49,00
		67,00—79,00	61,00—67,00	46,50—50,00	45,50—49,50
		70,00—82,00	61,00—67,00	46,50—50,00	41,50—45,50
		70,00—79,00	51,50—61,00	39,50—46,50	41,50—45,50
1887		67,00—73,00	51,50—57,50	39,50—43,00	38,00—41,50
		64,00—70,00	45,50—54,50	39,50—43,00	38,00—41,50
		61,00—73,00	48,50—57,50	43,00—46,50	41,50—45,50
		64,00—67,00	48,50—57,50	43,00—46,50	41,50—45,50
1888		64,00—70,00	48,50—67,00	43,00—46,50	45,50
		61,00—67,00	48,50—57,50	43,00—46,50	41,50
		57,00—61,00	48,50—57,50	43,00—46,50	45,50
		61,00—64,00	57,50—64,00	46,50—50,00	45,50—49,50
1889		61,00—64,00	61,00	50,00	49,50—53,50

Jahr		Weizen Saksonka	Weizen Samarka	Roggen schwerer	Roggen gewöhnlicher
1890		57,50—61,00	57,50—61,00	46,50—50,00	49,50
		57,50—61,00	57,50—61,00	43,00—46,50	45,50
		57,50—61,00	46,50—50,00	45,50
		61,00—64,00	57,50—61,00	50,00	49,00—53,50
1891		61,00—70,00	67,00—70,00	61,00—64,50	67,50
		76,00—79,00	73,00—76,00	79,00—82,00	80,00—83,50
		79,50—82,50	79,50—83,50	79,50—85,50	79,50—85,50
1892		74,50—88,00	77,00—83,00	83,00
		70,00—78,50	64,50—78,50	
		64,00—77,50	63,50—70,00	
		61,00—78,00	61,00—65,50	
1893		58,50—68,50	56,50—64,50	
		58,50—68,50	52,00—58,50	
		51,00—68,50	43,50—50,50	
		45,50—57,50	38,50—43,50	
1894		45,50—62,00	39,00—44,00	
		—	38,50—39,50	
		—	31,50—33,50	
		—	33,50—36,50	

Tabelle VI.
Vierteljahrsdurchschnittspreise (pro 1000 kg in Reichsmark).

	Weizen Danzig (unverzollt)	Roggen Bremen (unverzollt)		Weizen Danzig (unverzollt)	Roggen Bremen (unverzollt)
1885	147,50 / 149,50 / 141,50 / 134,50	129,50 / 121,50 / 111,00 / 107,50	1890	141,00 / 140,50 / 149,50 / 149,00	122,00 / 114,00 / 116,00 / 128,00
1886	134,50 / 141,00 / 138,50 / 141,50	106,00 / 104,50 / 100,50 / 100,00	1891	153,00 / 185,50 / 185,00 / 188,50	131,00 / 147,00 / 170,50 / 241,50 [1])
1887	151,50 / 151,00 / 137,00 / 126,00	100,00 / 100,00 / 88,50 / 89,50	1892	182,50 / 174,00 / 146,00 / 130,00	220,00 / 197,00 / 154,00 / 125,00
1888	125,00 / 129,00 / 140,50 / 146,00	— / 93,00 / 97,00 / 106,50	1893	127,00 / 129,00 / 126,50 / 126,50	121,00 / 129,50 / 126,00 / 117,00
1889	139,50 / 136,50 / 136,50 / 137,50	104,00 / 96,50 / 106,00 / 117,00	1894	116,50 / 100,50 / 97,50 / 96,00	112,00 / 110,50 / 109,00 / 81,00
			1895	99,50 / 118,00 / 105,50 / —	83,00 / 97,50 / 86,00 / —

und Danzig, andrerseits dieselben mit dem entsprechenden Stande des Rubelkurses vergleichen.

Die verschiedenen Qualitäten der einzelnen Getreidearten sind allerdings nicht vollständig mit einander vergleichbar, z. B. sind die in Petersburg gehandelten Weizensorten Saksonka und Samarka in kein festes Verhältnis mit den in Nicolajew hauptsächlich gangbaren

---

[1]) Von hier ab bis zum III. Qu. (inkl.) 1894 benutze ich verzollte Danziger Preise, da in den „Vierteljahrsheften zur Statistik des Deutschen Reiches" keine unverzollten Preise notiert sind.

Arten Azima und Ghirka zu bringen; letztere entsprechen dagegen ziemlich den Arten von Winter- und Sommerweizen, wie sie in Odessa gehandelt werden. Es werden sich also oftmals die Preise derselben Vierteljahre in den verschiedenen Städten nicht entsprechen. Es kommt uns ja aber nicht darauf an, einen genauen Vergleich der Preise in den einzelnen Städten anzustellen, sondern nur die allgemeine Tendenz der Schwankungen zu zeigen, und diese wird auch aus den von mir aufgestellten Tabellen zu ersehen sein.

Bevor wir aber an die Vergleichung der einzelnen Vierteljahre gehen, wollen wir noch untersuchen, wie sich der Kurs des Rubels (siehe Tabelle VII) und die Preise in den einzelnen Erntejahren zu einander verhalten; und zwar nehme ich dazu Odessa und Nicolajew von russischen Plätzen.

Während von 1885/86—1886/87 der Rubelkurs nicht unbedeutend, von 200,00 auf 185,50 Mk. sinkt, steigen in Rufsland die Preise für Roggen nur ganz wenig, bedeutend mehr allerdings die Weizenpreise. Es hat sich also die Kaufkraft des Rubels dem einheimischen Roggen gegenüber nur wenig vermindert, obwohl sie gegen Gold bedeutend gesunken ist.

Das Gegenteil — nämlich eine Steigerung der Kaufkraft des Rubels — sehen wir im folgenden Jahre. Denn der Rubelkurs fällt weiter von 185,50 auf 178,50 Mk., gleichfalls aber fallen sowohl die Roggen- wie die Weizenpreise nicht unerheblich.

Im Jahre 1888/89 sinken die Preise weiter — aber nur in geringem Grade speziell bei Roggen — während der Rubelkurs bedeutend gestiegen ist, von 178,50 auf 213,50 Mk. infolge der überaus starken Getreideausfuhr aus Rufsland.

Im folgenden Jahre 1889/90 steigen sowohl Rubelkurs wie Getreidepreis. Also fällt die inländische Kaufkraft des Rubels trotz seines höheren Geldwertes; dieselbe Erscheinung tritt auch im folgenden Jahre ein, gleichfalls im Jahre 1891/92 wo die Preise bei sinkendem Rubelkurse bedeutend in die Höhe gehen, was aber aus der Mifsernte leicht zu erklären ist.

Das Jahr 1892/93 zeigt uns dagegen eine Zunahme der Kaufkraft des Rubels; denn der Kurs geht nur ganz wenig in die Höhe, während die Preise ganz bedeutend sinken; es war dies die Folge der guten Ernte, welche die Wirkung des vorhergegangenen schlechten Jahres wieder aufhob.

Das folgende Jahr zeigt eine starke Steigerung der Kaufkraft, da die Preise bedeutend sinken, während sich der Kurs nur wenig hebt.

Tabelle VII.
Rubelkurse[1] (Berlin).

Durchschnitt im Erntejahr 1./10.—30./9.		Durchschnittliche Vierteljahrskurse	Kalenderjahresdurchschnittskurs		Durchschnitt im Erntejahr 1./10.—30./9.		Durchschnittliche Vierteljahrskurse	Kalenderjahresdurchschnittskurs	
1885/86	200,00	213,50 203,00 202,50 200,00	1885	204,50	1890/91	239,50	223,50 229,00 248,00 245,00	1890	236,50
1886/87	185,50	201,00 200,50 198,00 192,00	1886	199,50	1891/92	206,00	239,00 240,00 218,00 202,00	1891	224,50
1887/88	178,50	185,00 181,50 180,00 179,00	1887	181,50	1892/93	210,00	201,50 211,00 205,00 203,00	1892	205,00
1888/89	213,50	172,00 171,00 202,50 212,00	1888	189,50	1893/94	217,50	212,00 213,00 214,00 214,50	1893	213,50
1889/90	224,50	217,00 215,50 210,00 215,00	1889	214,50	1894/95	220,00	219,50 219,50 220,00 221,50	1894	220,00
							219,00 220,00 219,50 219,00	1895	219,50

Schon aus dieser Vergleichung der einzelnen Jahre ersehen wir, daſs nicht automatisch mit dem Goldwerte des Rubels auch seine Kaufkraft gegen russisches Getreide steigt und fällt, sondern daſs vielmehr die Ab- oder Zunahme der Kaufkraft des Rubels sehr wesentlich auch von anderen Ursachen abhängen muſs.

Um diesen Ursachen auf den Grund zu gehen, will ich die einzelnen Jahre von Vierteljahr zu Vierteljahr mit Rücksicht auf die

---

[1] Amtlicher Börsenkurszettel.

Kaufkraft des Rubels gegenüber dem russischen Getreide genauer untersuchen. (Siehe Tabelle VIII.)

Tabelle VIII.
Ernteergebnisse in Rufsland¹) (mit Ausschlufs des Königr. Polens) und Deutschland.²)

	Rufsland (Tschetwert)		Deutschland (1000 kg)	
	Roggen	Weizen (Sommer u. Winter)	Roggen	Weizen
1885	117 800 000	29 800 000	5 820 095	2 599 271
1886	110 800 000	27 300 000	6 092 849	2 666 422
1887	124 900 000	46 700 000	6 375 734	2 830 804
1888	118 500 000	49 700 000	5 522 740	2 530 842
1889	92 600 000	30 000 000	5 363 426	2 372 413
1890	113 500 000	34 200 000	5 867 931	2 831 011
1891	83 700 000	28 300 000	4 782 803	2 333 757
1892	98 400 000	40 500 000	6 827 712	3 162 885
1893	131 000 000	58 000 000	7 460 383	2 994 823
1894	137 900 000	47 000 000	7 075 019	3 012 271
1895	vorläufig 122 300 000	vorläufig 42 000 000		

1885/86.

Im Erntejahre 1885/86, das vom 1. Oktober 1885 bis 30. September 1886 reicht³), zeigten die Weizenpreise sowohl in Nicolajew wie in Odessa während der drei ersten beobachteten Quartale⁴) eine steigende Tendenz, während in Petersburg die Preise die gleichen blieben. Im 4. Quartal fallen sie an allen drei Plätzen; in Petersburg ist der Rückgang nur bei dem Samarkaweizen konstatierbar. In Deutschland

---

¹) Vergl. die Veröffentlichungen des russischen Finanzministeriums und die des Departements für Ackerbau und Landwirtschaft.
²) Vergl. die Veröffentlichungen des Statistischen Amtes des deutschen Reiches.
³) Unter Erntejahr verstehe ich stets die Zeit vom 1./10.—30./9. des folgenden Jahres, was allerdings von der sonst üblichen Abgrenzung abweicht, hier aber wegen der Einteilung des Materials nach Quartalen am bequemsten ist.
⁴) Die Benennung I. II ..... Quartal entspricht den Quartalen des Beobachtungsjahres, nicht des Kalenderjahres.

ist gleichfalls eine steigende Tendenz in den drei ersten Quartalen zu beobachten, im 4. Quartale sinken die Preise ebenso wie in Rufsland.[1])

Die Roggenpreise bewegen sich hier in genau derselben Richtung wie die Weizenpreise: ein Aufsteigen in Nicolajew und Odessa in den ersten drei Quartalen, ein Beharren in St. Petersburg, dagegen ein Rückgang im 4. Quartale.

Dem entspricht aber die Preisentwicklung in Deutschland keineswegs; denn hier fällt der Roggenpreis von Quartal zu Quartal; am bedeutendsten ist auch hier — entsprechend dem Sinken der Preise in Rufsland im 4. Quartal — der Preisfall in diesem.

Der Rubelkurs steigt sehr langsam aber stetig vom ersten bis zum Ende des zweiten Quartals, hält sich im Anfang des dritten Quartals auf ziemlich gleicher Höhe, um dann allmählich zu sinken. Im allgemeinen waren aber die Schwankungen nur minimale, die gröfste war die vom März zum April von im Durchschnitt 204,40 auf 201,70 M.

Die Thatsache, dafs während der drei ersten Quartale die Roggenpreise in Rufsland steigen, während sie in Deutschland ununterbrochen fallen, läfst sich aus der im allgemeinen guten Welternte von 1885 erklären.

So war auch in Deutschland eine gute Mittelernte für Weizen, während die Roggenernte etwas unter einer Mittelernte blieb. Sie betrug:

2 599 271 Tonnen Weizen,
5 820 095   „   Roggen,

d. h. bei ersterem 105 % und bei letzterem 98 % einer sogenannten Mittelernte.

Die russische Ernte war 1885 gleichfalls für Roggen und Weizen mittelmäfsig. Sie wird von dem russischen landwirtschaftlichen

---

[1]) Ich ziehe, soweit es möglich ist, von deutschen Preisen die zur Betrachtung heran, die „unverzollt" angegeben sind und zwar:
für Weizen — Danzig
für Roggen — Bremen,
denn diese sind zum Vergleich mit den ausländischen Preisen besser geeignet als die verzollten, da gerade in die beobachtete Periode bedeutende Änderungen der deutschen Getreidezollgesetzgebung fallen und die Wirkung des Zolles auf den Preis überhaupt nicht bestimmt ausgeschieden werden kann.

Ministerium in absoluten Zahlen für das europäische Rufsland mit Ausschlufs von Polen auf:

ca. 30 Millionen Tschetwert Weizen
und ca. 118 „ „ Roggen

geschätzt.

Dadurch aber, dafs Deutschland im Roggenbezuge hauptsächlich auf Rufsland angewiesen und dieses im Roggenexport wieder auf Deutschland als Hauptabsatzgebiet, so konnte Rufsland mit seinen Preisen in die Höhe gehen, aber doch nur wenig, wie sich dies aus der Tabelle ergiebt, da ersteres, wie oben bemerkt, fast eine Durchschnittsernte gehabt hatte. In Deutschland konnten aus denselben Gründen die Preise allmählich langsam fallen.

Es zeigt sich also, dafs die Gründe für die Änderung im Preise, da der Rubelkurs konstant geblieben ist, lediglich in den realen Umständen, — den Produktions- und Ausfuhrverhältnissen — zu suchen sind.

Andrerseits war die Ausfuhr, obwohl sie den Preis gesteigert hat, nicht so grofs, um auf die Hebung des Rubelkurses zu wirken.

1886/87.

Auch im folgenden Erntejahre 1886/87 sehen wir die Weizen- und Roggenpreise in Odessa und Nicolajew in den drei ersten Quartalen in fortschreitend steigender Bewegung; in Petersburg heben sich die Preise nur für Saksonka-Weizen, während Samarka-Weizen und Roggen eine Beharrungstendenz zeigen. In Deutschland bewegen sich die Weizenpreise gleichfalls in steigender Richtung, während der Roggenpreis in Bremen auf derselben Höhe von 100 Mk., die er im ersten Quartal gehabt, auch in den beiden folgenden stehen bleibt. Im vierten Quartal sehen wir auf der ganzen Linie — sowohl in Deutschland wie in Rufsland bei Weizen und Roggen — einen starken Preisfall, der überall Preise hervorbringt, die bedeutend niedriger sind, als die im ersten Quartal gezahlten.

Der Rubelkurs fällt schon im ersten Quartal des neuen Erntejahres ziemlich stark (von 198 auf 192) und behält die sinkende Richtung während des ganzen Jahres bei, indem er von 192 im ersten Quartal auf 180 im vierten Quartal zurückgeht.

Die Welternte kann auch für das Jahr 1886 eine Mittelernte genannt werden.

So wurden auch in Deutschland ungefähr die gleichen Quantitäten Weizen und Roggen wie im voraufgehenden Jahre geerntet:

2 666 422 Tonnen Weizen
und 6 092 849 „ Roggen.

Auch die russische Ernte war gegen die vorjährige nicht erheblich zurückgeblieben. Sie betrug:

ca. 27 Millionen Tschetwert Weizen
und ca. 111 „ „ Roggen.

Die allgemeine Preissteigerung im zweiten und dritten Quartal in Deutschland läfst sich daraus erklären, dafs im allgemeinen in dieser Jahreszeit die Preise sich heben mit Rücksicht auf die noch ungewisse zukünftige Welternte; dies ist besonders beim Weizen der Fall, dessen Preise vielmehr als die des Roggens in schärfster weltwirtschaftlicher Konkurrenz sich bilden.

Die vermutete Zollerhöhung von 3 Mk. auf 5 Mk. in Deutschland reizte hier zu einem stärkeren Import, besonders von russischem Roggen, und so konnte eine gewisse Überfüllung des deutschen Marktes mit diesem Artikel nicht ausbleiben. Die Folge davon war, dafs für ihn die Preissteigerung, die wir beim Weizen sehen, nicht zur Geltung kam, sondern dafs die Preise ungefähr die gleichen blieben. Aufserdem traten aber noch preisschwächend die guten Ernteaussichten für 1887 hinzu.

Als sich nun wirklich diese in höchstem Mafse bewahrheiteten, änderten sich die Verhältnisse sofort mit einem Schlage. Nach Deutschland fand aus den oben angegebenen Gründen weiter eine rege Einfuhr statt. Gleichfalls gingen sehr erhebliche Posten aus Südrufsland nach Belgien und Holland, die aber zum gröfsten Teile dem deutschen Markte zuflossen. Dies bewirkte im vierten Quartal, während die reiche neue Ernte eingeheimst wurde, einen bedeutenden Preissturz für Roggen und Weizen.

In Rufsland hatten sich naturgemäfs die Preise durch die grofse ausländische Nachfrage im ersten Halbjahr des Jahres 1887 auch gehoben, gingen dann aber durch die günstigen Aussichten für die 1887er Welternte trotz der grofsen Ausfuhr erheblich zurück.

Vergleichen wir den Rubelkurs mit den russischen Preisen, so sehen wir in den ersten drei Quartalen ein Sinken des Rubels bei steigenden Preisen.

Auf dem Weltmarkte bestand kein Mangel, und das Sinken des Kurses, das schon unmittelbar nach der neuen Ernte im ersten Quartal eingetreten war, trug in diesem Falle unzweifelhaft dazu bei, die russische Ausfuhr zu erleichtern und den dabei beteiligten Interessenten, wenn auch keinen ungewöhnlichen, so doch einen gröfseren Gewinn zu verschaffen, als sie sonst hätten erlangen können.

Im vierten Quartal sanken die Getreidepreise, weil die russische Ernte eine aufserordentlich gute war. Da andrerseits auch Deutschland und die übrigen Einfuhrländer gute Ernten hatten, so war der Absatz für Rufsland schwierig und die Ausfuhr konnte infolgedessen nur stattfinden, wenn der Rubelkurs sank und auch die in Rubeln ausgedrückten Preise fielen.

Aufserdem kommen für das Sinken des Rubels noch aufserwirtschaftliche — politische Gründe in Betracht, da eine gewisse Spannung zwischen Deutschland und Rufsland bestand, die unter anderem dazu führte, dafs ein Verbot zur Beleihung russischer Papiere durch die Reichsbank erlassen wurde.

Jedenfalls ist es auch in diesem Jahre dem russischen Getreide durch das Sinken des Rubelkurses erleichtert worden, sich auf dem überfüllten auswärtigen Markte trotz sinkender Preise, unter leidlichen Bedingungen für den russischen Interessenten, Absatz zu verschaffen.

1887/88.

Das Jahr 1887/88 zeigt für Weizen und Roggen in Nicolajew und Odessa eine fallende Tendenz, die zwar nicht von Quartal zu Quartal zu konstatieren ist, jedoch im allgemeinen hervortritt. In Petersburg ist dies gleichfalls der Fall, aber nur beim Weizen, während sich die in den beiden ersten Quartalen herabgegangenen Roggenpreise in den beiden letzten Quartalen wieder heben.

In Deutschland sehen wir das gerade Gegenteil; denn hier sind Weizen- und Roggenpreis in stetem Steigen begriffen, allerdings nur unbedeutend in den drei ersten Quartalen, desto mehr aber im vierten Quartal, sodafs sich z. B. die Weizenpreise von 126,00 Mk. im ersten Quartal auf 140,50 Mk. im vierten heben, und die des Roggen von 88,50 auf 97,00 Mk.

Der Rubelkurs setzt seine im vorangehenden Jahre begonnene sinkende Bewegung im ersten bis dritten Quartal fort; allerdings sind die Unterschiede nur geringe, da er von 179 im ersten Quartal auf 171 im dritten Quartal sinkt. Im vierten Quartal hebt er sich bedeutend auf 202,50 Mk.

Deutschland wie Rufsland hatten, wie bereits oben erwähnt, im Jahre 1887 sehr gute Ernten zu verzeichnen. Es betrug der Ernteertrag in Deutschland:

an Weizen 6 375 734 Tonnen,
an Roggen 2 830 804 „

in Rufsland:

an Roggen 124 900 000 Tschetwert,
an Weizen 46 700 000 „

Aus diesem Ernteergebnis sind leicht die sinkenden Preise des ersten bis dritten Quartals in Rufsland zu erklären. Seine Zahlungsbilanz verschlechterte sich namentlich dadurch, dafs Deutschland selbst eine sehr gute Roggenernte hatte und so nicht über das gewöhnliche Mafs hinaus auf die russische Einfuhr angewiesen war.

Dadurch sank einerseits der Kurs, und überdies mufste Rufsland, wenn es exportieren wollte, sich auch in Rubeln ausgedrückt schlechtere Preise gefallen lassen. Die Wirkung dieses letzteren Umstandes auf die Exportinteressen wurde aber durch den ersteren gemildert.

Die grofse Preissteigerung in Deutschland vom dritten zum vierten Quartal war die Folge der Befürchtungen, dafs die Welternte schlecht ausfallen würde.

Man hatte sich hierin auch nicht getäuscht. Fast alle Länder des Kontinents und auch Amerika hatten schlechte Ernten. Rufsland jedoch machte eine Ausnahme.

Im vierten Quartal nahm infolgedessen der russische Getreideexport bedeutend zu, was ein starkes Steigen des Rubelkurses zur Folge hatte, während der Getreidepreis nur mäfsig fiel.

So sank z. B. der Roggenpreis in Odessa von 38 auf 35 Rubel, d. h. nur um 8%, während im gleichen Zeitraume der Rubelkurs sich von 171 auf 202,50 Mk., d. h. um 18,5% hob. Der grofse Bedarf des Auslandes verhinderte ein stärkeres Sinken der russischen Preise, und die grofse Ausfuhr verursachte ihrerseits eine Besserung der Zahlungsbilanz und daher ein Steigen des Rubelkurses; dabei aber war die Preissteigerung im Auslande so grofs, dafs die Wirkung dieser Kurserhöhung für die russischen Exportinteressenten ausgeglichen wurde.

1888/89.

Die schon in der Mitte des Jahres 1888 aufgetretenen Befürchtungen einer schlechten Welt-Ernte verwirklichten sich in der That.

Die Ernte war in den meisten Ländern Europas eine wenig günstige; nur die gröfsten europäischen Produktionsländer waren etwas besser bedacht, hauptsächlich Rufsland.

Hier zeigt der Weizenpreis in Nicolajew und Odessa in den drei ersten Quartalen eine fallende Tendenz, um sich im vierten Quartal wieder etwas zu heben; dieselbe Preisbewegung findet auch in St. Petersburg statt.

Im Gegensatz hierzu ist beim Roggen eine durchaus steigende Tendenz zu konstatieren, indem sich eine Ausgleichung mit dem deutschen Preise vollzog.

In Deutschland steigt der Roggenpreis im ersten Quartal um 9,50 Mk. über den des vorhergehenden; er hält sich aber nicht, sondern sinkt beständig, bis er im dritten Quartal auf 96,50 Mk. steht, d. h. also noch etwas niedriger als im vierten Quartal des Jahres 1887/88.

Hier beginnt dann wieder eine Aufwärtsbewegung, so dafs wir im vierten Quartal ungefähr die gleichen Preise wie im ersten Quartal haben, eine Folge der überaus schlechten deutschen Ernteaussichten für Roggen.

Der Rubelkurs weist nur ganz geringe Schwankungen auf, er fällt von 212 im ersten, anf 210 im vierten Quartal.

Das erste Quartal setzte die in Deutschland angefangene Haussebewegung auch in Weizen fort, (er steigt von 140,50 auf 146 Mk.), welche durch die schlechte amerikanische Ernte hervorgerufen war. Diesen Einflufs hatte man aber überschätzt; denn der amerikanische Ernteausfall machte sich über Erwarten wenig in Europa geltend. Der grofse Bedarf wurde infolge der reichlichen Versorgung durch die Donauländer, Österreich-Ungarn und ganz besonders Rufsland derartig gedeckt, dafs von einem Mangel überhaupt nichts zu spüren war.

Als Hauptlieferant fungierte eben Rufsland, dessen Weizenernte sich 1888 auf

49,700 000 Tschetw. Weizen belief, während Deutschland nur 2,5 308 42 Tonnen Weizen geerntet hatte.

Die infolge der Haussespekulation aufgestapelten Weizenmengen wurden jetzt, als man sich in seinen Erwartungen getäuscht sah, an den Markt gebracht und verursachten vereint mit dem russischen Angebot den Preisfall, der bis zum Anfange des vierten Quartales dauerte, wo der Weizenpreis auf 136,50 Mk. stand.

Trotz der grofsen russischen Weizenausfuhr, die fast die Höhe der vorjährigen erreichte, sanken die Preise in Rufsland, wenn auch nicht erheblich, so doch ununterbrochen in den ersten drei Quartalen, während der Rubelkurs annähernd konstant blieb. Das vierte Quartal brachte, veranlafst durch ungünstigen Ernteausfall eine kleine Erhöhung der Preise.

Da auch Rufslands Roggenernte eine vorzügliche war — sie bebetrug nämlich 118 500 000 Tschetwert — war es ihm ein leichtes, den Ausfall, den Deutschland durch seine nur mäfsige Ernte hatte — 5 552 740 Tonnen — zu decken.

Es entwickelte sich eine überaus starke Einfuhr dorthin, vom 1. Oktober 1888 bis 30. September 1889 circa $9\frac{1}{2}$ Millionen Tonnen. Auf diese starke Ausfuhr sind natürlich die steigenden Roggenpreise in Rufsland zurückzuführen, wie auch andrerseits der allmähliche Rückgang derselben in Deutschland.

Der ziemlich konstant bleibende Rubelkurs hatte in diesem Jahre keinen Einflufs auf die Ausfuhr. Beim Weizen, dessen Ausfuhr nicht so grofs war, wie die von Roggen, sehen wir im allgemeinen sogar ein Sinken des Preises.

1889/90.

Das folgende Jahr unserer Betrachtung zeigt ein wesentlich anderes Bild, wie das vorige. War damals die Ernte des Ostens eine vorzügliche gewesen, so hatte jetzt besonders Rufsland einen grofsen Ernteausfall zu verzeichnen. Es erntete nämlich 1889:

30 000 000 Tschetwert Weizen
und 92 600 000 „ Roggen.

Deutschlands Ernte allerdings war ebenfalls ungünstig und blieb sogar noch etwas hinter dem Ertrage des vorhergehenden Jahres zurück; sie betrug:

2 372 413 Tonnen Weizen
und 5 363 426 „ Roggen.

Trotz dieser Ernteausfälle Rufslands und Deutschlands gingen auf unseren Märkten die Preise im ersten und zweiten Quartal nur ganz langsam in die Höhe, da man sich bald darüber im klaren war, dafs Rufsland aus den beiden gesegneten Vorjahren noch sehr bedeutende, jeglicher Nachfrage genügende, Bestände übernommen habe, die es ihm auch ermöglichten, allein nach Deutschland vom 1. Oktbr. 1889 bis 30. Septbr. 1890

2 847 697 D. C. Weizen
und 9 575 115 D. C. Roggen

auszuführen.

Die sich bewahrheitenden Befürchtungen für die nordamerikanische Ernte riefen daselbst eine lebhafte Preissteigerung hervor[1], die sich noch zum Teil dem deutschen Markte mitteilte.

Gleiche Besorgnis wie beim Weizen herrschte auch ursprünglich beim Roggen und trieb die Preise im ersten und zweiten Quartal in die Höhe. Als jedoch Rufsland und Nordamerika grofse Vorräte auf den deutschen Markt warfen, und die Ernteaussichten Deutschlands günstig beurteilt wurden, konnten die Preise nicht mehr standhalten.

Vergleichen wir die Weizenpreise der drei ersten Quartale in Odessa, so sehen wir, dafs fast gar keine Änderung stattgefunden hat. Im vierten Quartal findet ein Sinken statt, wohl unter dem Einflufs der guten Welternteaussichten von 1890.

Ganz anders gestaltet sich die Preisbewegung in Nicolajew, wo auch Winter- und Sommerweizenpreise nicht parallel mit einander laufen. Während Winterweizen eine sinkende Tendenz zeigt, sind die Preisunterschiede beim Sommerweizen nur geringe, sie stehen um 1 Rubel 50 Kopeken im zweiten und dritten Quartal höher als im ersten, um dann im vierten um 3 Rubel 50 Kopeken zu sinken. Die Gründe hierfür dürften jedenfalls nur lokale Marktverhältnisse gewesen sein.

In Petersburg zeigen die Preise eine im allgemeinen sinkende Tendenz.

Die russischen Roggenpreise steigen im zweiten Quartal, weil die deutsche Nachfrage sehr rege war; denn es werden exportiert

vom 1. Januar bis 31. März
an Weizen 1 028 596 D. C.
„ Roggen 1 702 766 D. C.,

---

[1]) Die Weizenpreise stiegen in New-York:
im Juli auf 96—101,50 c. pr. bsh.
„ August auf 97,75—111,75 „ „ „
„ September auf 100.00—106,75 „ „ „
während sie
im Januar nur auf 86.15—88,50 c. pr. bsh
gestanden hatten.

umgekehrt fällt in den folgenden Quartalen der Preis unter dem Einfluſs der guten deutschen Ernteaussichten.

Der Rubelkurs zeigte eine ungewöhnlich steigende Tendenz; er stieg nämlich im September bis auf ca. 265 Mk., eine Höhe, die er seit 1876 nicht mehr erreicht hatte; also im Laufe eines Jahres um ca. 52 Mk. Die Aufwärtsbewegung war im dritten und vierten Quartal die stärkste. Der Hauptgrund hierfür war die groſse Nachfrage der Konsumländer, denen diesmal die nordamerikanische Ernte fehlte. So wurden z. B. aus Ruſsland nach Deutschland vom 1. Juli bis 30. September exportiert:

1 308 000 D. C. Weizen
und 1 909 000 ,, ,, Roggen

Nicht ohne Einfluſs auf die Befestigung des Rubelkurses war ferner die zeitweilig an den deutschen Börsen verbreitete Ansicht, Ruſsland gedenke zur Goldwährung überzugehen.

Es ist zwar in diesem Jahre bei steigendem Rubelkurs der Preis des russischen Getreides gesunken, aber bei weitem nicht in dem Maſse, wie der Kurs gestiegen ist. Der Roggenpreis in Odessa sank

von 42,50 Rbl. im I. Q. auf 38,50 Rbl. im IV. Q., d. h. um 9,5 %

der Winterweizenpreis

von 58,50 Rbl. im I. Q. auf 53,50 Rbl. im IV. Q., d. h. um 8,5 %

der Sommerweizenpreis

von 57,50 Rbl. im I. Q. auf 54,50 Rbl. im IV. Q., d. h. um 5,5 %

während der Rubelkurs

von 215,00 im I. Q. auf 248,00 im IV. Q., d. h. um 15,5 %

stieg.

Im ganzen wiederholt sich in diesem Jahre die Erfahrung des Vorjahres: die Ausfuhr wird durch weltwirtschaftliche Ursachen gesteigert und verursacht ihrerseits ein Steigen des Rubelkurses, das aber wegen der groſsen Nachfrage des Auslandes nicht hemmend auf sie zurückwirkt.

1890/91.

Das Jahr 1890/91 ist hinsichtlich des Getreidehandels vielleicht das interessanteste, das wir seit Dezennien erlebt haben.

Ein überaus strenger Winter, ein sehr trockner Frühling und fast dreimonatliches Regenwetter im Sommer hatten vereint zur schweren Schädigung der 1891 zu erwartenden Ernte in Europa geführt. In erster Reihe kamen für die Gestaltung der Getreidepreise Frankreich und Rufsland in Betracht. Ersteres weil von dort her ein enormer Zuwachs an Weizenbedarf entstand, letzteres weil damit die bedeutendste Versorgungsquelle Europas zu versiegen drohte. Speziell für Deutschland schienen auch die Ernteaussichten höchst ungünstige zu werden.

Man ahnte das Gewitter, das bald losbrechen würde. Mit fieberhaftem Eifer wurden alle Bestände aus früheren Ernten aufgekauft.

Die natürliche Folge war, dafs die Preise, sowohl für Weizen als auch für Roggen ganz rapide in die Höhe gingen, so dafs im vierten Quartal die Weizenpreise auf 185 stehen, während sie im ersten Quartal noch auf 149 gestanden hatten.

Noch stärker stiegen die Roggenpreise in Deutschland: von 120 Mk. im ersten Quartal auf ca. 175 Mk. im vierten Quartal.

Das gleiche sehen wir in Rufsland für beide Getreidearten an allen drei Plätzen. Wie mit elementarer Kraft bewegen sich die Preise in steigender Richtung, die auch durch keinen momentanen Preisrückgang unterbrochen wird. Speziell bemerkenswert ist die Aufwärtsbewegung beim Roggen. Er erreicht im vierten Quartal einen Preis, der in Nicolajew und Odessa dem auch gestiegenen Weizenpreis genau gleichkommt und ihn sogar für einzelne Sorten überholt.

Die Wirkung der schlechten russischen Ernteaussichten wurde auch noch besonders dadurch verstärkt, dafs Rufslands Reserven aus den früheren Jahren ziemlich vollständig erschöpft waren, hatte doch die Ernte des Jahres 1890 zur Deckung der Ernteausfälle des vorhergehenden Jahres herhalten müssen. Als nur gar die Befürchtungen für die 1891er Ernte durch die Wirklichkeit noch übertroffen wurden, war dies ein weiterer Grund für eine rapide Preissteigerung; diese Bewegung unterstützte auch die schlechte Roggenernte in Skandinavien und Holland.

Es zeigte sich bald, dafs der Roggenausfall überhaupt nur durch Weizen zu ersetzen war, was auch für diesen natürlich preissteigernd wirkte.

Rufsland ist aber nicht nur das Hauptexportland für Roggen, es ist auch der Hauptkonsument; umsomehr mufsten sich also die Preise heben. Deshalb erliefs die russische Regierung, um den Abflufs nach dem Auslande und die einheimische Preissteigerung zu verhindern, ein Ausfuhrverbot für Roggen.

Infolge dieser Absperrung der wichtigsten Roggenquelle bemächtigte sich des ganzen deutschen Marktes eine unbeschreibliche Aufregung, die ihren Ausdruck in mächtigen, sprunghaften Preissteigerungen fand, welche sich auch vom Roggen auf Weizen übertrugen.

Der Rubelkurs beharrt in dieser ganzen Periode in ununterbrochenem Sinken. Er fällt von 245 Mk. im ersten Quartal, langsam auf 240 Mk. im dritten Quartal, und dann plötzlich auf 218 Mk. im vierten Quartal.

Es könnte hiernach scheinen, als hätten diejenigen Recht, welche behaupten, mit dem Goldwerte des Rubels steige und falle seine Kaufkraft gegen einheimisches Getreide. Denn hier fällt ja in der That der Rubelkurs während die Preise steigen.

Zu einem wesentlich anderen Resultat aber kommen wir, wenn wir die Gröfse der Preissteigerung mit der Kurserniedrigung vergleichen. Es zeigt sich dann, dafs das Verhältnis des Steigens der Preise ein viel gröfseres ist als das des Rückgangs des Rubelkurses.

So stieg z. B. der Roggenpreis in Odessa von 42,50 im ersten Quartal auf 68,50 im vierten Quartal, er stieg um 61 %, während der Rubelkurs in dem gleichen Zeitraum von 245 Mk. auf 218 Mk. fiel d. h. nur um 11 %.

Die Gründe der Preissteigerung sind eben in der überaus schlechten russischen Ernte zu suchen; das Sinken des Rubelkurses aber war die Folge des starken Rückgangs der Ausfuhr und der dadurch eingetretenen Verschlechterung der Zahlungsbilanz. Wenn auch an sich die Ausfuhr durch den Kursrückgang erleichtert wurde, so wirkte ihr doch der grofse inländische Bedarf in weit stärkerem Mafse entgegen, ganz abgesehen von dem Ausfuhrverbot.

1891/92.

Der Beginn des Jahres 1891/92 stand noch ganz unter dem Einflufs der Mifsernte des vorhergehenden Jahres.

Im ersten Quartal heben sich die Preise noch, da, wie erwähnt, Deutschlands Ernte 1891 ausnehmend schlecht gewesen war:

2 333 757 Tonnen Weizen
und 4 782 803 „ Roggen,

um dann in den nächsten Quartalen beim Weizen allmählich, beim Roggen in gröfseren Sprüngen herabzugehen.

Aus dem schlechten Ernteergebnis hätte man eigentlich auf eine weitere Preiserhöhung schliefsen können; dafs ein Sinken der Preise im zweiten Quartal eintrat, war die Folge der kolossalen Einfuhren, welche die Vereinigten Staaten und Indien nach Europa abzugeben im stande waren. So importierte Deutschland allein an Weizen 14,620 764 D. C. (inkl. 3,807 854 D. C. russischen Weizens), darunter c. 10,800 000 D. C. überseeischen Ursprungs.

Für Weizen war ferner der Umstand mafsgebend, dafs die Vereinigten Staaten voraussichtlich eine gute Ernte haben würden, ebenso wirkten die günstigen Erntemeldungen aus Argentinien auf den Preissturz ein.

Für Deutschland kamen alle diese preisdrückenden Verhältnisse natürlich ebenfalls in Betracht. Hauptsächlich jedoch war es seine vorzügliche Ernte die den gewaltigen Preisfall von 174 Mk. auf 146 Mk. und von 197 Mk. auf 154 Mk. für Weizen[1]) bezw. Roggen herbeiführte.

Im ganzen Beobachtungsjahr fiel der Roggen von 241,50 Mk. auf 154,00 Mk., der Weizen von 188,50 Mk. auf 146,00 Mk.

In Rufsland hob sich der Preis für Roggen und Weizen an allen drei beobachteten Plätzen gleichfalls noch im ersten Quartal infolge der noch immer starken Nachfrage. In den folgenden Quartalen dagegen sinkt er ununterbrochen. Man war eben nicht auf Rufsland angewiesen, dem vor allem die Vereinigten Staaten von Nordamerika heftige Konkurrenz machten; speziell hatte Deutschland eine vorzügliche Ernte, die den gehegten Erwartungen voll entsprach, während Rufslands Ernteaussichten für dieses Jahr nur mäfsige waren und seine Reserven völlig erschöpft waren; denn der Ertrag der vorjährigen Ernte — sie betrug nur

83 700 000 Tschetwert Roggen
und 28 300 000 „ Weizen

— hatte zum gröfsten Teil zur Befriedigung seines eigenen Bedarfs verwandt werden müssen. So kam es, dafs es in unserem Beobachtungsjahr, trotzdem Deutschland einen sehr grofsen Bedarf hatte, nur dorthin

ca. 3 808 000 D. C. Weizen
und ca. 1 900 000 D. C. Roggen

exportieren konnte.

---

[1]) Weizenpreise sind unverzollt, Roggenpreise verzollt angegeben. Vergl. Tabelle VI, Anm. 1.

Allerdings fällt hierbei noch das russische Ausfuhrverbot ins Gewicht, das für Weizen im Mai aufgehoben wurde, für Roggen aber noch weiter dauerte. Erst in der zweiten Augusthälfte, als man in Rufsland glaubte, für die Deckung des eigenen Bedarfs keine Sorge mehr hegen zu dürfen, fiel auch das letzte Ausfuhrverbot.

Die geringe Ausfuhr aus Rufsland bewirkte natürlich eine weitere Verschlechterung seiner Zahlungsbilanz. Wir sehen daher den Rubelkurs im ersten Quartal im Vergleich mit dem letzten des Vorjahres erheblich sinken, im dritten, vielleicht infolge von Anleihegerüchten und besseren russischen Ernteaussichten sich etwas heben, um dann wieder fast auf den Stand des ersten Halbjahrs zu sinken.

Wir erkennen hieraus, dafs in diesem Jahre die Kaufkraft des Rubels, inländischem Getreide gegenüber, keineswegs ab, sondern vielmehr zugenommen hat, während der Kursstand desselben im Laufe des Jahres im grofsen und ganzen konstant blieb. Die Preise sanken

für Roggen von 70,00 R. im I. Quartal
auf 50,00 R. im IV. „
d. h. um **29,5 %**,

Sommerweizen von 72,00 R. im I. Quartal
auf 60,00 R. im IV. „
d. h. um **17,5 %**,

Winterweizen von 72,50 R. im I. Quartal
auf 60,00 R. im IV. „
d. h. um **18 %**.

Ein Einflufs des Kurses auf Ausfuhr und Preis ist also in diesem Jahr nicht vorhanden.

1892/93.

Im folgenden Jahre setzte sich im allgemeinen die fallende Bewegung der Weizen- und Roggenpreise fort.

In Deutschland waren allerdings die Preisunterschiede nur recht unbedeutende, während in Rufsland die Preise erheblich intensiver herabgingen. Beim Weizen ist der Grund in der Konkurrenz des überseeischen Getreides zu suchen, das in enormen Quantitäten sich auf den europäischen Markt ergofs und dort die Preise drückte.

Argentinien allein, das von jetzt ab in die erste Reihe der Weizenexportländer tritt, exportierte im Jahre 1893
1,008 137 Tonnen.

Preismindernd mufste auch die gute 1892er Ernte Deutschlands wirken, die ein Erträgnis von

3 162 885 Tonnen Weizen
und 6 827 712 „ Roggen

brachte. Aufserdem gestalteten sich im dritten Quartal die Aussichten auf die zukünftige Ernte recht günstig.

In anderer Richtung wirkte der Ausbruch des deutsch-russischen Zollkrieges.

Während man noch im Juni geglaubt hatte, dafs neue Verhandlungen wegen eines Handelsvertrages bevorständen, wurde man am Ende dieses Monats von der Nachricht überrascht, dafs der russische Maximaltarif Deutschland gegenüber vom 1. August an in Kraft trete.

Die Erwiderung Deutschlands bestand in Zollerhöhungen von 50 %, wodurch also die Getreidezölle auf 75 Mk. pro Tonne gebracht wurden.

Sofort machten sich die Wirkungen dieses Prohibitivzolls in Rufsland geltend. Ein gewaltiger Preissturz bei Roggen und Weizen tritt ein. In Odessa fällt der Preis des Winterweizens von 58,00 Mk. auf 47,00 Mk., der des Roggens von 44,50 Mk. auf 38,50 Mk. Noch stärker gehen die Preise herunter in Nicolajew: Roggen sinkt von 46,50 Mk. auf 37,00 Mk., Winterweizen von 56,00 Mk. auf 45,50 Mk.

Der Rubelkurs der im ersten Quartal auf derselben Höhe wie im vierten Quartal des vorhergehenden Jahres stand, hob sich im folgenden Quartal von 203 auf 212 und im letzten bis auf 214, trotzdem die Ausfuhr nach Deutschland fast ganz aufgehört hatte und auch nach anderen Ländern nur mäfsig blieb.

Die Erhöhung des Kurses ist also aus anderen, namentlich finanziellen Ursachen zu erklären, und man darf annehmen, dafs sie in diesem Jahre einigermafsen als ungünstig für die Ausfuhr empfunden worden ist.

1893/94.

Das Jahr 1893/94 brachte manche Veränderung in handelspolitischer Beziehung.

Vor allem wurde dem, beide Teile schwer schädigenden Zollkrieg, endlich durch den deutsch-russischen Handelsvertrag, der am 20. März in Kraft trat, ein Ende gemacht. Ihm folgte am 1. Mai die Aufhebung des Identitätsnachweises und am 1. August die Aufhebung der Staffeltarife.

Das ganze Jahr steht unter dem Zeichen stetig sinkender Preise für Roggen und Weizen, sowohl in Deutschland wie in Rufsland. Rufsland hatte 1893 eine sehr gute Ernte,

ca. 131 000 000 Tschetwert Roggen
und ca. 58 000 000 „ Weizen

gehabt, fand aber für Roggen anfangs, da ihm Deutschlands Markt so gut wie verschlossen war, fast gar keinen Absatz; die Weizenpreise waren infolge der guten Ernten und überseeischen Konkurrenz überall in ununterbrochenem Sinken begriffen. Dies war für Rufsland ein besonders harter Schlag, da es noch ungeheure Vorräte im Lande aufgespeichert hatte.

Grofse Hoffnungen hatte man daselbst auf den deutsch-russischen Handelsvertrag gesetzt; denn jetzt war ihm sein natürlicher Abnehmer wieder gewonnen. Die Ausfuhr hatte sich zwar bedeutend gesteigert — sie betrug z. B. nach Deutschland für Weizen zehnmal soviel, für Roggen achtmal soviel als im Jahre vorher; — trotzdem aber sah man sich in seinen Hoffnungen getäuscht, da Deutschland selbst eine sehr reiche Ernte, besonders an Roggen gehabt hatte:

2 994 823 Tonnen Weizen,
7 460 383 „ Roggen.

Rufsland konnte daher seine grofsen Roggenvorräte aus der vorjährigen Ernte nur dann verkaufen, wenn es im Preise herabging.

Dafs in Deutschland die Preise sanken, war ganz natürlich: man hatte eine vorzügliche Ernte gehabt, Rufsland mufste billig verkaufen, überseeischer Weizen, besonders aus Argentinien,

ca. 1 550 000 Tonnen Weizen,

überschwemmte Europa, aufserdem waren die Aussichten für die künftige Ernte recht gute.

Der Rubelkurs blieb im ersten Quartal derselbe wie der des vorhergehenden Quartals. Wohl infolge der Aussichten auf die Verwirklichung des deutsch-russischen Handelsvertrages ging der Kurs etwas in die Höhe von 214,50 auf 219,50. In dieser Höhe hielt er sich auch während des ganzen Jahres.

Das starke Sinken des Preises in Deutschland ist also nicht durch den Rubelkurs hervorgerufen worden, da letzterer ja nicht gefallen, sondern gestiegen ist.

Es fand also eher eine gewisse Erschwerung als eine Erleichterung der Ausfuhr durch die Kursverhältnisse statt, und wenn die Ausfuhr dennoch beträchtlich stieg, so wurde dies nur durch das Sinken der in Rubel ausgedrückten Preise ermöglicht. Die Festigkeit des Kurses aber hängt ohne Zweifel auch wieder mit allgemeinen Finanzverhältnissen zusammen.

1894/95.

Wir kommen nunmehr zum letzten Jahre unserer Beobachtung (1894/95).

Rufslands wie Deutschlands Ernte waren recht gut, dem vorjährigen Ertrage fast gleichkommend. Rufsland erntete:

137 900 000 Tschetwert Roggen
und 47 000 000 „ Weizen,

Deutschland:

7 075 019 Tonnen Roggen,
und 3 012 271 „ Weizen.

Die fallende Tendenz der russischen Getreidepreise im vorigen Jahre setzte sich im ersten Quartal noch fort. Von hier ab ist aber eine starke Aufwärtsbewegung der Preise im zweiten und dritten Quartal zu bemerken, worauf allerdings im vierten Quartal wieder ein Teil der Erhöhung eingebüfst wird.

Genau dasselbe Bild der Preisbewegung finden wir in Deutschland: im ersten Quartal gleichfalls ein weiteres Sinken der Getreidepreise, dann Steigerung, die im dritten Quartal ihren Höhepunkt erreicht, und in dem darauffolgenden ziemlich starkes Fallen.

Die deutschen Importeure kauften in der Hoffnung auf weiteres Anhalten der Nachfrage enorme Quantitäten ausländisches Getreide auf und trugen dadurch zu der schon bestehenden Preissteigerung noch erheblich bei. Bald aber zeigte sich allenthalben ein auffallendes Schwinden der Preise, wohl im Ausblick auf die wahrscheinlich gute Welternte. In Verfolg dessen stellten die deutschen Importeure ihre grofsen Ankäufe im Auslande ein. „Sie waren auch bestrebt — wie Emil Meyer berichtet[1] — von den grofsen bisherigen Abschlüssen den Hauptteil im Auslande selbst wieder abzustofsen". Welch kolossaler Import ausländischen Getreides von seiten Deutschlands stattgefunden hat, ersieht man aus der Statistik der Einfuhrziffern:

Es wurde nach Deutschland importiert vom 1./10. 1894 — 30./9. 1895

13 468 396 D.C. Weizen
und 9 141 384 D.C. Roggen,

---

[1] E. Meyer, Berichte des Getreide-, Öl- und Spiritushandel in Berlin (alljährlich).

wovon Rufsland allein mit
6 217 708 D.C. Weizen
und 8 307 084 D.C. Roggen
beteiligt war.

Die Änderung im Rubelkurs war nur minimal: er schwankte während dieser Zeit nur zwischen 221,50 Mk. und 219,00 Mk.

Wir kommen also auch in diesem Jahre zu dem Ergebnis: Eine Begünstigung der Ausfuhr durch den Rubelkurs hat nicht stattgefunden, weil dieser fast unveränderlich auf einem verhältnismäfsig hohen Stande blieb. Die russische Landwirtschaft mufste daher ihre Preise in Rubeln herabsetzen, um sich Absatz im Auslande zu verschaffen. Dieser war so grofs, dafs die Zahlungsbilanz trotz der niedrigen Preise günstig blieb, und deswegen, wie auch wahrscheinlich infolge der Finanz- und Währungspolitik der Regierung der Rubelkurs aufrecht erhalten werden konnte. —

Aus den im Vorhergehenden angestellten Vergleichen und den Tabellen III—VII ergiebt sich, dafs im grofsen und ganzen die Kaufkraft des Rubels gegen russisches Getreide sich in gleicher Richtung zu ändern pflegte, wie der Rubelkurs, aber es fehlte auch nicht an Ausnahmen, wie in den Jahren 1885 und 1887, in denen vom ersten zum letzten Quartal, sowohl der Kurs wie die (der Kaufkraft des Rubels umgekehrt proportionalen) russischen Getreidepreise gesunken sind.

Auch sind die gleichgerichteten Bewegungen von Kurs und Kaufkraft des Rubels meistens ihrer Gröfse nach erheblich verschieden, wenn man sie prozentmäfsig vergleicht. Nicht selten finden auch bedeutende Veränderungen der Preise statt, während der Rubelkurs fast unverändert bleibt.

Die Produktions- und Weltmarktverhältnisse bilden eben immer die Hauptfaktoren der Preisbildung, neben denen der Einflufs des Kurses nur ein sekundärer ist.

Aber nehmen wir einmal als feststehend an, dafs mit sinkendem Rubelkurs sich der Preis der Waren hebe. Dies soll nach Ansicht der Gegner der Valutatheorie den Vorteil, den der Russe aus der sinkenden Valuta für die Ausfuhr hat, wieder aufheben. Dieser Fall würde wohl eintreten, wenn die durch das Sinken des Kurses hervorgerufene Preissteigerung in Rufsland eine derartig grofse wäre, dafs der Preis in Rufsland plus den Transport- und sonstigen Unkosten auf eine gleiche Höhe wie der deutsche Getreidepreis steigen würde.

Wenn also die Getreidepreise in Rufsland bei sinkendem Kurse sich wirklich heben sollten, so wäre dies ja nur ein Vorteil für den russischen Exporteur, der doch noch immer niedrigere Preise in Gold ausgedrückt fordern kann, als seine nach Gold rechnenden Konkurrenten. Nur ist hier die Einschränkung zu machen, dafs es sich fragt, wie weit dann der Export noch möglich ist. —

Wir wollen zunächst noch näher untersuchen, in welchem Verhältnis zueinander sich der Rubelkurs und der in Rubeln ausgedrückte russische Getreidepreis geändert haben.

Wenn der Rubelkurs und der in Rubeln ausgedrückte Preis sich im umgekehrten Verhältnis zu einander ändern würden, wie die abstrakte Theorie behauptet, so müfste der reciproke Wert des einen Verhältnisses immer gleich dem anderen Verhältnis sein.

In Wahrheit ist dies aber nicht der Fall.

Ich führe zum Beweise nur einige beliebig herausgegriffene Beispiele an:

1) Vom dritten zum vierten Quartal des Jahres 1887/88 **fiel** der Roggenpreis in Odessa von 38 Rubel auf 35 Rubel, während der Rubelkurs von 171 auf 202,50 **steigt**, d. h. bei Ausführung des oben angegebenen Rechnungsverfahrens

$$\frac{171}{202,5} = 0,84$$

und $\frac{35}{38} = 0,92$.

Es haben sich also der Rubelkurs und der in Rubeln ausgedrückte Roggenpreis nicht im gleichen Verhältnis geändert, sondern der Rubelkurs ist relativ in stärkerem Grade gestiegen, als der Roggenpreis gesunken ist.

2) Vom ersten Quartal zum vierten Quartal des Jahres 1889/90 **fiel** der Roggenpreis von 42,50 auf 38,50 Rubel, der Kurs dagegen **stieg** von 215 auf 248.

Nach Analogie des vorigen Beispiels ergiebt sich:

$$\frac{215}{248} = 0,87$$

$$\frac{38,5}{42,5} = 0,90.$$

Auch hier haben sich die beiden mit einander verglichenen Faktoren nicht in gleichem Verhältnis zu einander geändert, sondern — hier ist ebenfalls der Roggenpreis im Verhältnis nicht so stark gesunken, als der Rubelkurs gestiegen ist.

3) Ein Beispiel nach entgegengesetzter Richtung ist folgendes: Vom ersten Quartal zum vierten Quartal des Jahres 1890/91 stieg der Roggenpreis von 42,50 auf 68,50 Rubel, der Rubelkurs dagegen fiel von 245 auf 218. D. h.:

$$\frac{245}{218} = 1,1.$$

$$\frac{68,5}{42,5} = 1,6,$$

oder in Worten ausgedrückt, der Preis des Roggens ist im Verhältnis stärker gestiegen als der Rubelkurs gefallen ist.

Diese Beispiele, die beliebig vermehrt werden könnten, beweisen zur Genüge, dafs sich der Rubelkurs und der in Rubeln ausgedrückte Preis nicht in gleichem Verhältnis ändern.

Zur genaueren Prüfung der Frage des Verhältnisses der in Gold und in Rubeln ausgedrückten Getreidepreise, und um die Gröfse der Schwankungen leichter übersehen zu können, habe ich die Differenzen gebildet zwischen den in Gold — und zwar in Mark — umgerechneten und den Rubelpreisen des Getreides in Odessa, ferner die zwischen den deutschen und den in Gold umgerechneten russischen Preisen. An und für sich haben diese Differenzen ja keinen bestimmten Sinn, nur zur Beurteilung ihrer Schwankungen sind sie zu verwenden. Sie haben ungefähr dieselbe Bedeutung wie eine graphische Darstellung, aus der die Schwankungen der Preise zu ersehen sind.

Wie man eingangs die an den drei beobachteten Orten geltenden russischen Getreidesorten ihrer Beschaffenheit nach nicht einander gleichstellen durfte, ebensowenig ist dies hier der Fall. Denn weder russischer Winter- oder Sommerweizen, noch Roggen sind an sich mit den deutschen Notierungen vergleichbar, da ihre Qualitäten durchaus verschiedene sind, sodafs ein Vergleich sich nur relativ und hinsichtlich der Preisveränderungen durch Gegenüberstellung dieser beiden Zahlenreihen anstellen läfst. Es ist durchaus unzulässig, z. B. aus den deutschen und russischen Getreidepreisen, in Gold umgerechnet, auf den Verdienst der Exporteure und Importeure zu schliefsen. (Siehe Tabellen IX, X, XI, IXa, Xa und XIa.)

Untersuchen wir die Gründe, die zu der Vergröfserung und Verminderung der Differenz geführt haben, so sehen wir, dafs für jeden dieser Vorgänge drei Möglichkeiten vorhanden sind.

Tabelle IX.

Odessaer Vierteljahrsdurchschnittspreise von Roggen, ausgedrückt in Rubeln und in Gold (Reichsmark).

		I. Qu.	II. Qu.	III. Qu.	IV. Qu.	I. Qu.	II. Qu.	III. Qu.	IV. Qu.	
1885/86	Russische Goldpreise[1]	79,50	83,50	83,00	79,50	104,00	109,50	130,50	149,00	1890/91
	Rubel	39,50	41,50	41,50	40,50	42,50	45,50	54,50	68,50	
	Differenz	40,00	42,00	41,50	39,00	61,50	64,00	76,00	80,50	
1886/87	Russische Goldpreise	79,50	81,00	83,00	68,00	141,50	143,50	113,50	102,50	1891/92
	Rubel	41,50	44,00	46,00	38,00	70,00	71,50	53,50	50,00	
	Differenz	38,00	37,00	37,00	30,00	71,50	72,00	60,00	52,50	
1887/88	Russische Goldpreise	67,50	68,00	65,50	70,00	99,00	95,50	95,00	82,50	1892/93
	Rubel	38,00	39,50	38,50	35,00	49,00	45,00	44,50	38,50	
	Differenz	29,50	28,50	27,00	35,00	50,00	50,50	50,50	44,00	
1888/89	Russische Goldpreise	75,00	77,50	71,00	83,50	68,50	69,50	65,50	66,00	1893/94
	Rubel	35,50	35,50	33,00	39,50	32,00	31,50	30,00	30,00	
	Differenz	39,50	42,00	38,00	44,00	36,50	38,00	35,50	36,00	
1889/90	Russische Goldpreise	92,00	100,50	92,00	95,50	58,00	63,50	81,00	72,50	1894/95
	Rubel	42,50	45,00	40,50	38,50	26,00	29,00	37,00	31,50	
	Differenz	49,50	55,50	51,50	57,00	32,00	34,50	44,00	41,00	

[1] d. h.: Die russischen Preise in Rubeln nach dem gleichzeitigen Kurse in Mark umgerechnet; ebenso auf den folgenden Tabellen.

Tabelle X.

Odessaer Vierteljahrsdurchschnittspreise von Winterweizen, ausgedrückt in Rubeln und in Gold (Reichsmark).

		I. Qu.	II. Qu.	III. Qu.	IV. Qu.	I. Qu.	II. Qu.	III. Qu.	IV. Qu.	
1885/86	Russische Goldpreise	118,50	124,00	133,50	125,50	133,00	137,00	154,00	149,00	1890/91
	Rubel	59,00	61,50	67,00	63,50	54,50	57,50	64,00	68,50	
	Differenz	59,50	62,50	66,50	62,00	78,50	79,50	90,00	80,50	
1886/87	Russische Goldpreise	128,50	136,00	137,50	115,50	146,50	142,00	127,50	122,50	1891/92
	Rubel	67,00	73,50	76,00	64,00	72,50	71,00	60,50	60,00	
	Differenz	61,50	62,50	61,50	51,50	74,00	71,00	67,00	62,50	
1887/88	Russische Goldpreise	112,00	119,50	117,00	122,00	120,00	108,50	123,50	100,50	1892/93
	Rubel	62,50	69,50	68,50	60,50	59,00	51,00	58,00	47,00	
	Differenz	49,50	50,00	48,50	61,50	61,00	57,50	65,50	53,50	
1888/89	Russische Goldpreise	132,00	130,00	120,00	123,00	94,00	89,00	81,50	78,00	1893/94
	Rubel	62,00	60,00	55,50	58,50	44,00	40,50	37,00	35,50	
	Differenz	70,00	70,00	64,50	64,50	50,00	48,50	43,50	42,50	
1889/90	Russische Goldpreise	126,00	133,50	135,50	133,00	78,00	76,00	93,50	80,00	1894/95
	Rubel	58,50	60,00	59,00	53,50	35,50	35,00	42,50	36,50	
	Differenz	67,50	73,50	76,50	79,50	42,50	41,00	51,00	43,50	

Tabelle XI.

Odessaer Vierteljahrsdurchschnittspreise von Sommerweizen, ausgedrückt in Rubeln und in Gold (Reichsmark).

		I. Qu.	II. Qu.	III. Qu.	IV. Qu.	I. Qu.	II. Qu.	III. Qu.	IV. Qu.	
1885/86	Russische Goldpreise	111,00	122,50	138,00	129,00	127,00	127,00	152,50	145,00	1890/91
	Rubel	55,50	61,00	69,00	65,50	52,00	53,00	63,50	66,50	
	Differenz	55,50	61,50	69,00	63,50	75,00	74,00	89,00	78,50	
1886/87	Russische Goldpreise	127,50	131,50	132,50	112,00	145,50	141,50	132,50	122,50	1891/92
	Rubel	66,50	71,00	73,00	62,00	72,00	70,50	63,00	60,00	
	Differenz	61,00	60,50	59,50	50,00	73,50	71,00	69,50	62,50	
1887/88	Russische Goldpreise	108,50	119,50	109,50	122,00	106,50	111,00	108,00	100,50	1892/93
	Rubel	60,50	69,50	64,00	60,00	52,50	52,50	50,50	47,00	
	Differenz	48,00	50,00	45,50	62,00	54,00	58,50	57,50	53,50	
1888/89	Russische Goldpreise	119,00	116,50	115,50	120,50	89,00	89,00	84,00	78,00	1893/94
	Rubel	56,00	53,50	53,50	57,50	41,50	40,50	38,50	35,50	
	Differenz	63,00	63,00	62,00	63,00	47,50	48,50	45,50	42,50	
1889/90	Russische Goldpreise	123,50	129,00	131,50	134,50					
	Rubel	57,50	58,00	57,50	54,50					
	Differenz	66,00	71,00	74,00	80,00					

Tabelle IXa.

Bremer (resp. Danziger) und Odessaer Vierteljahrsdurchschnittspreise von Roggen, ausgedrückt in Gold (Reichsmark).

		I. Qu.	II. Qu.	III. Qu.	IV. Qu.	I. Qu.	II. Qu.	III. Qu.	IV. Qu.	
1885.86	Deutsche Preise	107,50	106,00	104,50	100,50	128,00	131,00	147,00	175,00	1890/91
	Russische Goldpreise	79,50	83,50	83,00	79,50	104,00	109,50	130,50	149,00	
	Differenz	28,00	22,50	21,50	21,00	24,00	21,50	16,50	26,00	
1886.87	Deutsche Preise	100,00	100,00	100,00	88,50	241,50	220,00	197,00	154,00	1891/92
	Russische Goldpreise	79,50	81,00	83,00	68,00	141,50	143,50	113,50	102,50	
	Differenz	20,50	19,00	17,00	20,50	100,00	76,50	83,50	51,50	
1887.88	Deutsche Preise	89,50	—	93,00	97,00	125,00	121,00	129,50	126,00	1892/93
	Russische Goldpreise	67,50	68,00	65,50	70,00	99,00	95,50	95,00	82,50	
	Differenz	22,00	—	27,50	27,00	26,00	25,50	34,50	43,50	
1888.89	Deutsche Preise	106,50	104,00	96,50	106,00	117,00	112,00	110,50	109,00	1893/94
	Russische Goldpreise	75,00	77,50	71,00	83,50	68,50	69,50	65,50	66,00	
	Differenz	31,50	26,50	25,50	22,50	48,50	42,50	45,00	43,00	
1889/90	Deutsche Preise	117,00	122,00	114,00	116,00	81,00	83,00	97,50	86,00	1894/95
	Russische Goldpreise	92,00	100,50	92,00	95,50	58,00	63,50	81,00	72,50	
	Differenz	25,00	21,50	22,00	20,50	23,00	19,50	16,50	13,50	

Tabelle Xa.

Danziger und russische Vierteljahrsdurchschnittspreise (Odessa) von Weizen, ausgedrückt in Gold (Reichsmark).

		I. Qu.	II. Qu.	III. Qu.	IV. Qu.	I. Qu.	II. Qu.	III. Qu.	IV. Qu.	
1885/86	Deutscher Preis	134,50	134,50	141,00	138,50	149,00	153,00	185,50	185,00	1890/91
	Russischer Goldpreis	118,50	124,00	133,50	125,50	133,00	137,00	154,00	149,00	
	Differenz	16,00	10,50	7,50	13,00	16,00	16,00	31,50	36,00	
1886/87	Deutscher Preis	141,50	151,50	151,00	137,00	188,50	182,50	174,00	146,00	1891/92
	Russischer Goldpreis	128,50	136,00	137,50	115,50	146,50	142,00	127,50	122,50	
	Differenz	13,00	15,50	13,50	21,50	42,00	40,50	46,50	23,50	
1887/88	Deutscher Preis	126,00	125,00	129,00	140,50	130,00	127,00	129,00	126,50	1892/93
	Russischer Goldpreis	112,00	119,50	117,00	122,00	120,00	108,50	123,50	100,50	
	Differenz	14,00	5,50	12,00	18,50	10,00	18,50	5,50	26,00	
1888/89	Deutscher Preis	146,00	139,50	136,50	136,50	126,50	116,50	100,50	97,50	1893/94
	Russischer Goldpreis	132,00	130,00	120,00	123,00	94,00	89,00	81,50	78,00	
	Differenz	14,00	9,50	16,50	13,50	32,50	27,50	19,00	19,50	
1889/90	Deutscher Preis	137,50	141,00	140,50	149,50	96,00	99,50	118,00	105,50	1894/95
	Russischer Goldpreis	126,00	133,50	135,50	133,00	78,00	76,00	93,50	80,00	
	Differenz	11,50	7,50	5,00	16,50	18,00	23,50	24,50	25,50	

Tabelle XI a.

Danziger und russische Vierteljahrsdurchschnittspreise (Odessa) von Sommerweizen, ausgedrückt in Gold (Reichsmark).

		I. Qu.	II. Qu.	III. Qu.	IV. Qu.	I. Qu.	II. Qu.	III. Qu.	IV. Qu.	
1885/86	Deutsche Preise	134,50	134,50	141,00	138,50	149,00	153,00	185,50	185,00	1890/91
	Russische Goldpreise	111,00	122,50	138,00	129,00	127,00	127,00	152,50	145,00	
	Differenz	23,50	12,00	3,00	9,50	22,00	26,00	33,00	40,00	
1886/87	Deutsche Preise	141,50	151,50	151,00	137,00	188,50	182,50	174,00	146,00	1891/92
	Russische Goldpreise	127,50	131,50	132,50	112,00	145,50	141,50	132,50	122,50	
	Differenz	14,00	20,00	18,50	25,00	43,00	41,00	41,50	23,50	
1887/88	Deutsche Preise	136,00	125,00	129,00	140,50	130,00	127,00	129,00	126,50	1892/93
	Russische Goldpreise	108,50	119,50	109,50	122,00	106,50	111,00	108,00	100,50	
	Differenz	27,50	5,50	19,50	18,50	23,50	16,00	21,00	26,00	
1888/89	Deutsche Preise	146,00	139,50	136,50	136,50	126,50	116,50	100,50	97,50	1893/94
	Russische Goldpreise	119,00	116,50	115,50	120,50	89,00	89,00	84,00	78,00	
	Differenz	27,00	23,00	21,00	16,00	37,50	27,50	16,50	19,50	
1889/90	Deutsche Preise	137,50	141,00	140,50	149,50					
	Russische Goldpreise	123,50	129,00	131,50	134,50					
	Differenz	14,00	12,00	9,00	15,00					

Die Vergröfserung der Differenz kann hervorgerufen werden:
1) dadurch, dafs der Goldpreis (d. h. der in Mark umgerechnete russische Preis) stärker steigt als der Rubelpreis (d. h. der in Rubeln ausgedrückte russische Preis),
2) indem der Rubelpreis noch stärker sinkt als der Goldpreis,

3) durch ein Sinken des Rubelpreises im Gegensatz zu steigendem Goldpreise.

Die Verringerung der Differenz kann sein die Folge von:
1) einem stärkeren Sinken des Goldpreises als dem des Rubelpreises,
2) einem gröfseren Steigen des Rubelpreises als dem des Goldpreises,
3) einem Sinken des Goldpreises, während der Rubelpreis sich hebt.

Zum Zwecke der Feststellung, welche Schwankungen gröfser gewesen sind, die des Goldpreises oder die des Rubelpreises, müssen wir die Zahlen für die einzelnen Vierteljahre in den vorliegenden Tabellen mit den verschiedenen, oben angegebenen Möglichkeiten vergleichen. Dabei zeigt sich, dafs zur Vergröfserung der Differenz führte:

        Möglichkeit I   — 35 mal,
        Möglichkeit II — 4 mal,
        Möglichkeit III — 8 mal.

Die Verkleinerung der Differenz bewirkte:

        Möglichkeit I   — 47 mal,
        Möglichkeit II — 9 mal,
        Möglichkeit III — 5 mal.

Nehmen wir die Anzahl der Fälle, in denen eine — im Verhältnis zu der Veränderung des Rubelpreises — gröfsere Steigerung oder ein tieferes Fallen der Goldpreise eingetreten ist, so sehen wir, dafs hier 82 mal die gröfseren Preisschwankungen auf seiten der Goldpreise waren, während die stärkeren Bewegungen bei den Rubelpreisen nur 13 mal und die Fälle der dritten Möglichkeit nur 13 mal vorkommen.

Wir kommen also zu dem Schlufs: Die Oscillationen des in Rubeln ausgedrückten Getreidepreises sind überwiegend schwächere als die des in Gold umgerechneten. Da die letzteren von dem veränderlichen Rubelkurse abhängen, so ergiebt sich also, dafs die in Rubeln ausgedrückten, inländischen Preise eine gewisse, wenn auch nicht vollständige, Unabhängigkeit gegenüber dem Goldwert des Rubels behaupten, weil sie eben eine gröfsere Stabilität zeigen, als die nach den Kursen berechneten Preise in Gold.

Stellen wir den in Gold ausgedrückten Odessaer Getreidepreisen die in Deutschland gezahlten gegenüber, so sehen wir, dafs Deutschlands Preise im allgemeinen in einem wenig veränderlichen Abstande oberhalb der in Gold umgerechneten Preise in Odessa sich bewegen.

Verschiedentlich kommen allerdings ganz bedeutende Unterschiede zum Vorschein, die aber wie z. B. 1891/92 sich sofort als Folgen von besonderen Konjunkturen ergeben. So war damals die Preissteigerung in Deutschland noch gröfser als in Rufsland, weil die durch das russische Getreideausfuhrverbot entstandene Lücke, namentlich für Roggen, nicht so bald ausgefüllt werden konnte.

Im allgemeinen sehen wir also, dafs die Goldpreise des Getreides in den russischen Ausfuhrplätzen in einem ziemlich festen Verhältnis zu den deutschen (abgesehen vom Zoll) und den westeuropäischen überhaupt bleiben, wie das bei der heutigen Entwickelung des Waren- und des Nachrichtenverkehrs auch nicht anders zu erwarten ist. Aber wenn demnach auch der Rubelpreis des Getreides in Rufsland beim sinkenden Rubelkurs meistens mehr oder weniger steigt, so ist dieses Steigen doch nicht so stark, um die Ausfuhr zu beeinträchtigen, vielmehr wird diese thatsächlich begünstigt; denn die Preiserhöhung in Rubeln bildet für die Exportinteressenten, mögen es nun Händler oder Produzenten sein, eine **Gewinnerhöhung**, weil die **Produktionskosten** des Getreides keineswegs mit den in den Ausfuhrplätzen geltenden Preisen und mit dem Sinken des Rubelkurses steigen.

Namentlich gilt dies von den Löhnen der landwirtschaftlichen Arbeiter. Das russische statistische Jahrbuch[1]) für 1890 enthält eine Tabelle, aus der sich ergiebt, dafs sich die Löhne für Feldarbeiter während der Aussaat und Ernte im grofsen und ganzen in den Jahren 1883/88 nicht geändert haben. Es hat sogar der Lohn vom Jahre 1883—1888 im Durchschnitt aus allen 50 Gouvernements abgenommen; denn während er 1883 für einen

    Arbeiter mit Pferd — 1,28 Rbl.,
        „ ohne „   — 0,63 Rbl.,
    Arbeiterin   — 0,38 Rbl.

betrug, stellte er sich im Jahre 1888 entsprechend auf:

        1,19 Rbl.,
        0,61 Rbl.,
        0,38 Rbl.

---

[1]) Annuaire statistique de la Russie 1890. Vergl. im folgenden Tabelle XII und XIII.

und ist auch ungefähr gleich dem Durchschnitt der fünf Jahre 1883/88, der betrug:

1,16 Rbl.,
0,57 Rbl.,
0,36 Rbl.

Nehmen wir aus der Zahl der 50 Gouvernements die sechs der für den Ackerbau wichtigsten heraus, so kommen wir bei Vergleichung der Löhne der einzelnen Jahre zu ähnlichen Resultaten. Es zeigt sich nämlich, dafs die Löhne im Jahre 1888 niedriger sind als im Jahre 1883, während sie allerdings höher sind als im Durchschnitt dieser 5 Jahre.

Den Ausschlag hierbei giebt indessen nur das Gouvernement Cherson, in dem im Jahre 1888 eine ganz bedeutende Lohnsteigerung stattgefunden hat, was wohl hauptsächlich dadurch zu erklären ist, dafs es unter dem unmittelbarsten Einflufs der südlichen Ausfuhrhäfen steht.

Wie sich seit 1888 die Lohnverhältnisse gestaltet haben, ist zur Zeit noch nicht konstatierbar; eine bedeutende Steigerung aber hat jedenfalls nicht stattgefunden.

Dafs die gezahlten Löhne in den einzelnen Jahren ganz unabhängig von dem Stande des Rubelkurses waren, zeigt sich zur Evidenz bei einem Vergleich dieser beiden Faktoren.

Der Durchschnittskurs betrug in den Jahren:

1885 — 204,50
1886 — 199,50
1887 — 181,50
1888 — 189,50,

während die Löhne betrugen:

für einen Arbeiter	mit Pferd	ohne Pferd	Arbeiterin
1885	1,39	0,54	0,33
1886	1,08	0,53	0,34
1887	1,08	0,53	0,34
1888	1,19	0,61	0,38

Die Löhne bleiben also ganz unberührt von den Schwankungen des Rubelkurses: sie können bei sinkendem Kurse fallen und bei steigendem Kurse gleichfalls steigen. Es kann demnach also von einem ursäch-

— 55 —

Tabelle XII.

Durchschnittlicher Tageslohn der ländlichen Arbeiter während der Erntezeit (in Rubeln ausgedrückt).

Gouvernement	1883			1884			1885			1886			1887			1888			Durchschnitt		
	Arbeiter mit Pferd	Arbeiter	Arbeiterin	Arbeiter mit Pferd	Arbeiter	Arbeiterin	Arbeiter mit Pferd	Arbeiter	Arbeiterin	Arbeiter mit Pferd	Arbeiter	Arbeiterin	Arbeiter mit Pferd	Arbeiter	Arbeiterin	Arbeiter mit Pferd	Arbeiter	Arbeiterin	Arbeiter mit Pferd	Arbeiter	Arbeiterin
Bessarabien	2,55	0,93	0,58	1,53	0,73	0,48	1,42	0,73	0,37	1,60	0,70	0,46	1,39	0,58	0,38	1,95	0,78	0,52	1,74	0,74	0,47
Livland	1,25	0,65	0,45	1,33	0,65	0,45	1,30	0,63	0,42	1,30	0,63	0,41	1,28	0,60	0,42	1,30	0,62	0,43	1,29	0,63	0,43
Moskau	1,22	0,62	0,33	1,28	0,62	0,33	1,18	0,57	0,32	1,13	0,57	0,33	1,17	0,58	0,35	1,25	0,63	0,38	1,21	0,60	0,34
Podolien	1,59	0,58	0,40	1,33	0,62	0,50	1,28	0,50	0,33	1,08	0,42	0,30	1,03	0,39	0,30	1,17	0,45	0,32	1,25	0,49	0,36
St. Petersburg	1,42	0,72	0,45	1,63	0,75	0,50	1,30	0,62	0,41	1,27	0,67	0,42	1,60	0,70	0,47	1,37	0,68	0,41	1,43	0,69	0,44
Cherson	1,68	0,92	0,58	1,38	0,98	0,56	1,23	0,50	0,33	1,25	0,62	0,40	1,55	0,62	0,40	2,22	1,28	0,70	1,55	0,82	0,50
Durchschnitt	1,62	0,74	0,46	1,41	0,72	0,47	1,28	0,59	0,36	1,27	0,60	0,39	1,34	0,58	0,39	1,54	0,74	0,46	1,41	0,66	0,42

Tabelle XIII.

Durchschnittlicher Tageslohn der ländlichen Arbeiter während der Erntezeit (in Rubeln ausgedrückt).

	Gouvernement	1883 Arbeiter mit Pferd	1883 Arbeiter	1883 Arbeiterin	1884 Arbeiter mit Pferd	1884 Arbeiter	1884 Arbeiterin	1885 Arbeiter mit Pferd	1885 Arbeiter	1885 Arbeiterin	1886 Arbeiter mit Pferd	1886 Arbeiter	1886 Arbeiterin	1887 Arbeiter mit Pferd	1887 Arbeiter	1887 Arbeiterin	1888 Arbeiter mit Pferd	1888 Arbeiter	1888 Arbeiterin	Durchschnitt Arbeiter mit Pferd	Durchschnitt Arbeiter	Durchschnitt Arbeiterin	
1.	Archangelsk	1,45	0,75	0,37	1,90	0,87	0,51	1,53	0,78	0,38	1,45	0,85	0,50	1,18	0,79	0,46	1,35	0,71	0,42	1,48	0,79	0,44	1.
2.	Astrachan	1,38	0,82	0,50	1,49	1,02	0,57	0,93	0,51	0,32	0,95	0,49	0,33	1,48	0,80	0,50	1,25	0,70	0,40	1,25	0,72	0,44	2.
3.	Bessarabien	2,55	0,93	0,58	1,53	0,73	0,48	1,42	0,73	0,37	1,60	0,70	0,46	1,39	0,58	0,38	1,95	0,78	0,52	1,74	0,74	0,47	3.
4.	Wilna	1,02	0,45	0,32	1,07	0,45	0,32	1,12	0,45	0,33	1,00	0,42	0,32	0,97	0,42	0,31	0,93	0,37	0,30	1,02	0,43	0,32	4.
5.	Witebek	1,12	0,57	0,35	1,15	0,53	0,33	0,98	0,48	0,32	1,00	0,50	0,30	0,90	0,47	0,30	0,98	0,50	0,32	1,02	0,51	0,32	5.
6.	Wladimir	1,43	0,68	0,37	1,50	0,72	0,38	1,35	0,62	0,33	1,28	0,57	0,33	1,33	0,58	0,35	1,33	0,62	0,37	1,37	0,63	0,36	6.
7.	Wolorod	1,12	0,58	0,38	1,07	0,58	0,39	1,12	0,57	0,38	1,13	0,55	0,36	1,10	0,55	0,35	1,02	0,53	0,34	1,10	0,56	0,37	7.
8.	Wolin	1,10	0,46	0,34	0,90	0,42	0,28	0,87	0,45	0,27	0,78	0,40	0,27	0,97	0,47	0,28	0,87	0,40	0,26	0,92	0,43	0,28	8.
9.	Woronech	1,22	0,63	0,35	1,25	0,60	0,34	1,05	0,48	0,28	0,83	0,42	0,25	0,98	0,47	0,27	1,08	0,58	0,33	1,07	0,53	0,31	9.
10.	Wijatka	0,95	0,50	0,34	0,85	0,45	0,33	0,80	0,40	0,28	0,87	0,42	0,30	0,80	0,37	0,28	0,82	0,40	0,28	0,85	0,42	0,30	10.
11.	Grodno	0,98	0,43	0,30	0,85	0,40	0,28	1,05	0,40	0,28	0,92	0,34	0,25	0,85	0,36	0,23	0,85	0,37	0,27	0,92	0,38	0,27	11.
12.	Kosakengebiet	1,75	0,94	0,53	1,50	0,94	0,56	1,17	0,88	0,38	1,10	0,63	0,41	1,52	0,77	0,48	2,22	1,25	0,79	1,54	0,90	0,53	12.
13.	Ekaterinoslaw	1,90	0,80	0,43	1,88	1,03	0,60	1,02	0,53	0,32	1,37	0,53	0,31	1,38	0,63	0,40	2,28	1,52	0,88	1,67	0,84	0,49	13.
14.	Kasan	0,87	0,47	0,28	0,93	0,53	0,32	0,87	0,43	0,30	0,85	0,49	0,33	0,80	0,42	0,29	0,77	0,45	0,29	0,85	0,47	0,30	14.
15.	Kaluga	1,05	0,60	0,33	1,07	0,58	0,32	0,92	0,52	0,28	0,97	0,52	0,28	0,98	0,53	0,29	1,07	0,53	0,30	1,01	0,55	0,30	15.
16.	Kiew	1,28	0,57	0,38	1,37	0,50	0,33	1,08	0,47	0,32	1,02	0,42	0,28	1,13	0,42	0,27	1,12	0,48	0,31	1,17	0,48	0,32	16.
17.	Kowno	1,42	0,57	0,38	1,43	0,57	0,39	1,22	0,52	0,35	1,33	0,50	0,35	1,18	0,52	0,33	1,18	0,47	0,32	1,29	0,53	0,35	17.
18.	Kostroma	1,22	0,60	0,37	1,42	0,71	0,36	1,13	0,48	0,32	1,08	0,45	0,30	1,05	0,50	0,30	1,13	0,52	0,34	1,17	0,54	0,33	18.
19.	Kurland	1,53	0,73	0,42	1,53	0,70	0,46	1,42	0,68	0,40	1,40	0,67	0,42	1,43	0,67	0,39	1,58	0,68	0,38	1,48	0,69	0,41	19.
20.	Kursk	1,13	0,56	0,31	1,03	0,53	0,31	1,02	0,48	0,29	0,92	0,44	0,27	0,98	0,47	0,30	0,78	0,58	0,34	0,98	0,51	0,30	20.
21.	Livland	1,25	0,65	0,45	1,33	0,65	0,45	1,30	0,63	0,42	1,30	0,63	0,41	1,28	0,60	0,42	1,30	0,62	0,43	1,29	0,63	0,43	21.

No.	Ort																						No.
22.	Minsk	1,15	0,45	0,30	0,90	0,43	0,27	0,85	0,43	0,28	0,78	0,41	0,30	0,85	0,42	0,26	0,83	0,43	0,29	0,89	0,43	0,28	22.
23.	Mogilew	0,88	0,53	0,33	0,88	0,52	0,32	0,80	0,43	0,30	0,78	0,46	0,27	0,78	0,46	0,30	0,82	0,48	0,29	0,82	0,48	0,30	23.
24.	Moskau	1,22	0,62	0,33	1,28	0,62	0,33	1,18	0,57	0,32	1,13	0,57	0,33	1,17	0,58	0,35	1,25	0,63	0,38	1,21	0,60	0,34	24.
25.	Nichninowgorod	1,12	0,57	0,30	1,08	0,52	0,30	1,18	0,52	0,31	1,05	0,57	0,31	1,02	0,50	0,29	1,15	0,57	0,33	1,08	0,54	0,31	25.
26.	Nowgorod	1,12	0,58	0,40	1,18	0,63	0,42	1,08	0,57	0,37	1,05	0,62	0,38	1,08	0,55	0,37	1,10	0,55	0,36	1,11	0,58	0,38	26.
27.	Olonetz	1,37	0,72	0,48	1,32	0,73	0,48	1,27	0,65	0,41	1,18	0,63	0,40	1,22	0,68	0,42	1,10	0,62	0,42	1,24	0,67	0,44	27.
28.	Orenburg	1,25	0,75	0,53	1,17	0,74	0,58	1,40	0,59	0,38	1,03	0,56	0,42	0,85	0,45	0,29	0,96	0,57	0,39	1,11	0,61	0,40	28.
29.	Orel	1,02	0,75	0,30	0,92	0,42	0,25	0,88	0,40	0,25	0,88	0,42	0,25	0,85	0,42	0,25	0,85	0,43	0,28	0,90	0,44	0,26	29.
30.	Pensa	0,93	0,48	0,28	0,92	0,50	0,30	0,83	0,40	0,24	0,78	0,43	0,24	0,75	0,38	0,24	0,72	0,40	0,26	0,82	0,43	0,26	30.
31.	Perm	1,15	0,55	0,37	1,05	0,52	0,33	0,95	0,53	0,34	1,00	0,48	0,37	0,90	0,48	0,36	0,90	0,48	0,33	0,99	0,51	0,35	31.
32.	Podolien	1,59	0,58	0,40	1,33	0,62	0,50	1,28	0,50	0,33	1,08	0,42	0,30	1,03	0,39	0,30	1,17	0,45	0,32	1,25	0,49	0,36	32.
33.	Pultawa	1,22	0,50	0,35	1,22	0,48	0,32	1,32	0,48	0,32	1,18	0,42	0,30	1,15	0,47	0,30	1,43	0,62	0,39	1,25	0,50	0,33	33.
34.	Pskow	1,20	0,60	0,38	1,23	0,60	0,38	1,15	0,55	0,36	1,02	0,50	0,32	1,05	0,52	0,33	1,02	0,53	0,35	1,11	0,55	0,35	34.
35.	Riasan	1,10	0,57	0,32	1,10	0,57	0,30	1,00	0,50	0,25	1,02	0,48	0,24	0,93	0,51	0,27	1,03	0,53	0,31	1,03	0,53	0,28	35.
36.	Ssamara	1,42	0,65	0,42	1,27	0,70	0,43	0,97	0,52	0,30	1,10	0,60	0,39	0,87	0,47	0,28	0,82	0,45	0,29	1,08	0,57	0,35	36.
37.	St. Petersburg	1,42	0,72	0,45	1,63	0,75	0,50	1,30	0,62	0,41	1,27	0,67	0,42	1,60	0,70	0,47	1,37	0,68	0,41	1,43	0,69	0,44	37.
38.	Ssaratow	1,43	0,78	0,45	1,20	0,63	0,38	0,93	0,48	0,30	0,93	0,52	0,30	0,93	0,47	0,28	0,97	0,50	0,31	1,07	0,56	0,34	38.
39.	Ssimbirsk	1,07	0,55	0,30	1,18	0,60	0,36	0,97	0,50	0,28	1,03	0,52	0,32	0,95	0,47	0,28	1,00	0,45	0,28	1,03	0,52	0,30	39.
40.	Smolensk	1,08	0,53	0,32	1,13	0,58	0,37	1,03	0,53	0,31	1,02	0,50	0,31	1,05	0,52	0,32	1,08	0,52	0,33	1,07	0,53	0,33	40.
41.	Taurien	1,71	1,12	0,63	1,67	0,80	0,53	1,50	1,08	0,37	1,92	0,88	0,56	1,43	0,68	0,43	2,88	1,77	1,02	1,85	1,06	0,65	41.
42.	Tambow	1,00	0,51	0,30	0,98	0,47	0,28	0,83	0,42	0,23	0,90	0,42	0,27	0,88	0,43	0,25	0,87	0,43	0,28	0,91	0,45	0,27	42.
43.	Twer	1,22	0,62	0,38	1,25	0,55	0,37	1,02	0,50	0,33	1,12	0,48	0,34	1,08	0,55	0,38	1,10	0,50	0,35	1,13	0,53	0,36	43.
44.	Tula	1,13	0,57	0,29	1,12	0,53	0,27	0,95	0,48	0,24	0,97	0,47	0,26	0,97	0,45	0,26	0,98	0,48	0,28	1,02	0,50	0,27	44.
45.	Utim	0,90	0,45	0,30	0,90	0,48	0,34	0,85	0,48	0,32	0,85	0,52	0,31	0,82	0,47	0,32	0,74	0,38	0,27	0,84	0,46	0,31	45.
46.	Charkow	1,17	0,62	0,38	1,25	0,62	0,38	0,95	0,50	0,32	0,90	0,47	0,32	1,02	0,53	0,36	1,40	0,75	0,48	1,12	0,58	0,37	46.
47.	Cherson	1,68	0,92	0,58	1,38	0,98	0,56	1,23	0,50	0,33	1,25	0,62	0,40	1,55	0,68	0,43	2,22	1,28	0,70	1,55	0,82	0,50	47.
48.	Tschernigow	1,03	0,58	0,31	1,15	0,50	0,30	0,97	0,48	0,33	1,05	0,45	0,29	1,02	0,48	0,32	1,07	0,48	0,32	1,05	0,50	0,31	48.
49.	Estland	1,15	0,63	0,44	1,24	0,65	0,52	0,95	0,58	0,44	1,07	0,63	0,45	1,23	0,78	0,50	1,30	0,70	0,52	1,16	0,65	0,48	49.
50.	Jaroslaw	1,52	0,72	0,45	1,55	0,72	0,47	1,43	0,63	0,40	1,32	0,58	0,39	1,30	0,60	0,43	1,52	0,67	0,47	1,44	0,65	0,43	50.
	Durchschnitt	1,28	0,63	0,38	1,23	0,62	0,39	1,39	0,54	0,33	1,08	0,53	0,34	1,08	0,53	0,34	1,19	0,61	0,38	1,16	0,57	0,36	

lichen Zusammenhang der beiden Faktoren — Lohn und Rubelkurs — keine Rede sein. (Siehe Tabelle XII u. XIII.)

Schlufsbemerkungen.

Es bleibt uns jetzt nur noch übrig, die an den verschiedenen Stellen des vorigen Abschnitts gefundenen Ergebnisse zusammenzufassen.

Damit wäre dann auch die Beantwortung der Frage zu verbinden, inwieweit die sich uns ergebenden Resultate, losgelöst von Rufsland, auch für die anderen Länder, die sich in einem gleichen Währungszustande befinden, Bedeutung haben.

Zahlenreihen sind an und für sich totes Material zum Beweise einer Behauptung, wenn sie nicht mit den wesentlich entscheidenden Thatsachen zusammengebracht und daraus erklärt werden. In diesen Fehler, einfach aus der Gegenüberstellung zweier Zahlenreihen Schlüsse zu ziehen, ohne auf die besonderen Umstände zu achten, unter welchen diese entstanden, sind auch diejenigen verfallen, welche auf Grund der Vergleichung des Rubelkursstandes mit dem russischen Getreideexport jeden Kausalnexus leugnen.

Wir haben gezeigt, welcher Art die Gründe sind, die oftmals den Zusammenhang dieser beiden Faktoren derart verschleiern, dafs er äufserlich garnicht erkennbar ist. — Es sind drei verschiedene Möglichkeiten vorhanden, unter denen ein Export Rufslands nach Deutschland und dem übrigen Auslande stattfindet.

Die erste ist die, dafs die Ernte des Auslandes schlecht ausgefallen ist, während sie in Rufsland gut ist.

Wie werden sich in diesem Falle die Verhältnisse gestalten?

Es wird alles Getreide, welches nicht unbedingt dem inländischen Konsum dienen mufs, von Händlern aufgekauft und dann zum Export an die verschiedenen Nord- oder Südhäfen des Landes gebracht. Dort ist natürlich der Getreidepreis entsprechend den durch die schlechte Welternte entstandenen erhöhten Weltmarktpreisen gestiegen. Durch die vergröfserte Ausfuhr bessert sich nun die russische Zahlungsbilanz, wodurch wiederum — wenn nicht aufsergewöhnliche Gründe, wie Kriegsgefahr, grofse Papiergeldemission, vorliegen, — das Goldagio herabgedrückt wird.

Dies würde an sich eine Erschwerung der Ausfuhr bedeuten, welche aber wieder durch die vergröfserte Nachfrage des Auslandes überwunden wird. Wenn also in einem solchen Falle Rubelkurs und Ausfuhr zu gleicher Zeit steigen, so folgt daraus keineswegs, dafs die Ausfuhr nicht noch mehr erleichtert worden wäre, wenn der Kurs konstant geblieben oder noch gesunken wäre.

Die zweite Möglichkeit: Rufsland sowohl wie das Ausland haben gute Ernten. Dies würde die Handelsbilanz Rufslands ungünstig beeinflussen, denn das Ausland wird als Konsument, der nur wenig braucht, das Angebot an sich herantreten lassen, da Rufsland mehr besitzt, als es zum eignen Verbrauch verwenden kann. Es wird also der Preis des russischen Getreides auf dem Weltmarkte gedrückt. Dadurch wird die Handelsbilanz ungünstiger, was ein Sinken des Rubels veranlafst, und hierdurch wird eine relative Erleichterung der Ausfuhr bewirkt. Der Verkäufer wird sicherlich keinen aussergewöhnlich hohen Gewinn dabei machen, aber er wird sich jetzt durch Preisherabsetzung noch einen Absatz gleichsam erzwingen können, den er sonst sich hätte nicht verschaffen können. Sein Gewinn wird dabei nur ein normaler sein, während seine nach Gold rechnenden Konkurrenten bei diesen Preisen vielleicht nicht mehr in der Lage sein werden, mit Nutzen auszuführen.

Eine dritte Möglichkeit ist die, dafs Rufsland eine schlechte, das Ausland hingegen eine gute Ernte hat. Die Folge davon wird eine ungünstige Zahlungsbilanz und ein Rückgang des Rubelkurses sein. Dadurch würde theoretisch allerdings die Ausfuhr erleichtert werden. Inwieweit sich aber diese Erleichterung auch in der Praxis zeigen kann, hängt ganz davon ab, wie hoch die russischen Preise infolge jener, aus den inneren Produktionsverhältnissen herrührenden Gründen gestiegen sind, und ferner wie tief die Weltmarktpreise infolge der günstigen Ernten gefallen sind.

Jedenfalls aber ist man zu der Annahme berechtigt, dafs die Ausfuhr noch erheblicher verringert hätte, wenn der Rubelkurs nicht gesunken wäre. — In den letzten Jahren ist der Rubelkurs durch die Finanzpolitik der Regierung fast unveränderlich erhalten worden; dadurch ist aber das starke Sinken der in Rubel ausgedrückten russischen Getreidepreise begünstigt und dieses Sinken für den russischen Landwirt besonders empfindlich gemacht worden.

Was das Verhältnis Rufslands zu Deutschland betrifft, so kommt hier vor allem der Roggen in Betracht, da ja Deutschland der Hauptabnehmer für russischen Roggen ist.

Das Sinken des Rubelkurses wird wohl im stande sein, unter Umständen einen fühlbaren Druck auf die deutschen Roggenpreise auszuüben; jedenfalls wird der Einfluſs des Kurses entsprechend der groſsen russischen Ausfuhr nach Deutschland beim Roggen wesentlich gröſser sein als beim Weizen.

Bei diesem bildet sich der Preis in schärfster weltwirtschaftlicher Konkurrenz mit anderen Produktionsländern, die zusammen drei oder viermal so viel Weizen auf den Weltmarkt bringen als Ruſsland. Für Roggen dagegen ist Deutschland gewissermaſsen der Weltmarkt und Ruſsland der Hauptverkäufer, gegen den alle anderen weit zurückstehen. Jeder, das Konkurrieren Ruſslands in Roggen erleichternde Umstand muſs daher in Deutschland besonders fühlbar sein.

Es hat sich ferner ergeben, daſs, wenn auch die Kaufkraft des Rubels gegen Getreide in den Ausfuhrhäfen sich im ganzen in derselben Richtung bewegte wie der Rubelkurs, dadurch die Exporterleichterung durch die Unterwertigkeit des Rubels nicht etwa aufgehoben wird.

Wir haben gesehen, daſs ein einfacher automatischer Zusammenhang zwischen dem Rubelpreis des Getreides und dem Rubelkurs absolut nicht vorhanden ist, daſs hier eben wieder die Weltmarktverhältnisse und die Produktionsbedingungen mitwirken.

Wenn aber auch wirklich der Rubelpreis des Getreides immer genau im Verhältnis des Sinkens des Rubelkurses stiege, so würden die russischen Exportinteressenten dabei erst recht einen Vorteil vor ihren nach Gold rechnenden Konkurrenten haben.

Würden sich die Produktionskosten, zu denen in erster Reihe die Löhne gehören, im gleichen Verhältnis gehoben haben, wie der Rubelkurs gesunken ist, so würden sich allerdings diese beiden entgegengesetzten Wirkungen gegenseitig aufheben und damit auch die Exportbegünstigung der russischen Interessenten.

Dem ist aber, wie wir an der Hand der statistischen Tabellen gezeigt haben, nicht so. Weit entfernt von irgend einer Gleichmäſsigkeit in der Veränderung der beiden Faktoren — Rubelkurs und Lohnhöhe — hat sich vielmehr gezeigt, daſs die Löhne gerade in der Periode der stärksten Entwertung des Rubels keineswegs gestiegen sind.

Ob nun der Vorteil in die Tasche des Landwirts fällt oder in die der verschiedenen Zwischenhändler oder überhaupt erst dem eigentlichen Exporteur zu Gute kommt, ist eine weitere Frage, die an der reinen Thatsache, dafs eine geringe Exporterleichterung und dadurch ein Exportanreiz stattfindet, nichts ändert.

Auch ist klar, dafs, wenn die Produktionskosten, in Rubeln ausgedrückt, konstant bleiben, der Vorteil der Exportinteressenten um so gröfser ist, je mehr der Rubelpreis des Getreides in den Ausfuhrhäfen dem Sinken des Rubelkurses entsprechend steigt.

Das Gesagte gilt allerdings nur für die Perioden verhältnismäfsig rasch vorübergehender Schwankungen, während es sich nicht leugnen läfst, dafs z. B. im Vergleich mit den Preisen des Jahres 1875 das allgemeine Preisniveau in Rufsland doch erheblich gestiegen ist im Zusammenhang mit der seit 1877 dauernden bedeutenden Entwertung des Rubels. Daher sind Behauptungen, wie sie oftmals in der Polemik auftauchen, es sei der Rubel in Rufsland noch immer 3,20 Mk. wert, in das Gebiet der Fabel zu verweisen.

Sicherlich ist aber der Vorteil aus der unterwertigen Valuta nur auf gewisse Interessengruppen beschränkt, die unmittelbare Beziehungen zum Ausfuhrhandel haben. Für die Volkswirtschaft des Landes im ganzen ist das Sinken der Valuta schädlich und insbesondere für die arbeitenden Klassen, deren Arbeit international entwertet wird.

Denn es wird eben von einem Lande mit sinkender Valuta ein immer mehr steigendes Quantum inländischer Arbeit für ein gleichbleibendes ausländischer ausgetauscht.

Auf diese Weise wird es überhaupt noch möglich, dafs stark verschuldete Papierwährungsländer noch in der Lage sind, ihre internationalen Zahlungsverbindlichkeiten durch Warensendungen zu begleichen, und darin liegt gerade der beste und allgemeinste Beweis, dafs in der That eine Ausfuhrbegünstigung — aber nur für die beteiligten Privatinteressen — stattfindet.

Das über die unterwertige Valuta in den Papierwährungsländern Gesagte ist auch anwendbar auf Länder, deren Währungsmetall das Silber ist, jedoch mit dem Unterschiede, dafs erstere bei einigermafsen geordneten Finanzverhältnissen, wie z. B. Rufsland, es stets in der Hand haben, die Menge ihrer Zirkulatationsmittel zu regeln und dadurch auf das Goldagio einzuwirken, während letztere — wie z. B. Indien bis 1893 — völlig abhängig sind von den Schwankungen des Silberpreises auf dem Weltmarkte.

Streifen wir noch mit wenigen Worten die Klagen der Landwirte, die, wie schon erwähnt, zum gröfsten Teile aus der Unterwertigkeit der Valuta in den wichtigsten Konkurrenzländern ihren Notstand herleiten.

Diese Klagen waren in Bezug auf Rufsland einigermafsen, besonders hinsichtlich der Roggenpreise berechtigt, solange sich der Kurs in fortwährenden Schwankungen befand — sind es heute jedoch nicht nicht mehr; denn wir hatten die beiden letzten Jahre einen fast konstanten Rubelkurs, der sich zwischen 219 und 221 bewegte. Erst in den letzten Monaten ist, infolge der Einführung einer festen Tarifierung des Halbimperials auf 7,50 Kreditrubel, der Kurs wieder etwas gesunken auf 216—217, wird sich aber voraussichtlich auf diesem Stande unverändert erhalten, wenn auch der beabsichtigte Übergang Rufslands zur Goldwährung noch nicht so bald verwirklicht werden dürfte.

Auch Indien hat unzweifelhaft infolge des Sinkens des Silberpreises in gewisser Weise, jedoch nur im Verhältnis seines mäfsigen Anteils (9—10 %) der Versorgung der Einfuhrländer zur Preisrniedrigung des Weizens beigetragen. Aber nach der Einstellung der freien Silberprägung vom 26. Juni 1893 hat sich der Kurs der Rupie von dem Silberpreise losgelöst und ist seit etwa zwei Jahren nicht mehr gesunken, sondern um mehrere Prozent gestiegen.

Auch Argentinien, auf das sich in den letzten Jahren mit Besorgnis die Augen aller europäischen Landwirte richteten, hat in seiner Ausführungsbegünstigung durch die Valuta, soweit sie vorhanden war, eingebüfst; denn das Goldagio ist seit mehr als einem halben Jahre im Sinken begriffen und von 311 auf fast 200 zurückgegangen, — eine Bewegung, die auf die Ausfuhr nur erschwerend wirken kann.

Anhang.

Tabelle XIV.
Odessaer Monatsdurchschnittspreise von Weizen und Roggen (in Kopeken pro Pud).

		Weizen		Roggen	Weizen		Roggen	
		Azima Winter	Ghirka Sommer		Azima Winter	Ghirka Sommer		
1885	Januar	—	—	—	113	116	64,50	1888
	Februar	—	—	—	113	108	65	
	März	—	—	—	117	119	65	
	April	—	—	—	115	103	65	
	Mai	—	—	—	114	109	63	
	Juni	—	—	—	108	104	60	
	Juli	—	—	—	93	94	51	
	August	—	—	—	96	100	55	
	September	—	—	—	107	103	65	
	Oktober	98	90	66	100	95	59	
	November	96,50	91	64	104	93	58	
	Dezember	96	91	65	103	87	58	
1886	Januar	89	91	63	106	91	61	1889
	Februar	102	100	68	96	87	57	
	März	111	110	73	95	87	56,50	
	April	110	113	71	90	88	55	
	Mai	112	112	68	91	88	53	
	Juni	106,50	115	66	93	89	55	
	Juli	103	109	66,50	96	91	63	
	August	100	104	64	100	94	66	
	September	109	107	68	93	97	65	
	Oktober	110	106	67	96	96	67	
	November	108	111	68	97	92	67	
	Dezember	112	111	68	96	95	75	
1887	Januar	121	117	73	99	95	74	1890
	Februar	125	116,50	74	95	93	73,50	
	März	125	116	68	100	97,50	74,50	
	April	123	115	71	98,50	95	73,50	
	Mai	132	126	74	100	97,50	66,50	
	Juni	122	120	71,50	93,50	90	58,50	
	Juli	116	116	68,50	93,50	92	62	
	August	96	97	63	86	89	61	
	September	104	93	55	85	87	65	
	Oktober	101	96	61	88	85	64	
	November	104	99	63	87	83	68	
	Dezember	106	102	62	92	87	76,50	

Fortsetzung von Tabelle XIV.

		Weizen		Roggen	Weizen		Roggen
		Azima Winter	Ghirka Sommer		Azima Winter	Ghirka Sommer	
1891	Januar	90	96	75	67,50	66,50	52,50
	Februar	96	73	70	66	66	52
	März	97	93	79,50	66	65	51,50
	April	104	102	83	67	65,50	52
	Mai	106	105	88	62	61,50	49
	Juni	104	106	95	55	53	45
	Juli	100	103	98	60	54,50	50
	August	110	108	110	54	56	49
	September	127	115	128	60	54	47
	Oktober	116,50	114	104	57	44	42
	November	126	121	111	58	48	43
	Dezember	114	119	130	59	54,50	45
1892	Januar	116	115,50	120	55		48
	Februar	117,50	117	115	56,50		48
	März	115	114	115	60		52
	April	95	105	84	62		54
	Mai	101	102	89,50	74		64
	Juni	100	103	90	72,50		63,50
	Juli	102	105,50	96	62		54,50
	August	100	101	75	61		52
	September	91	87	74	57		50
	Oktober	100	84	79	64		48
	November	89	86	82	65		50
	Dezember	101,50	88,50	78	68		53,50
1893	Januar	87	86	74,50			
	Februar	88	87	75,50			
	März	78	85	72			
	April	82	82	70			
	Mai	100	83	73			
	Juni	103	85	76			
	Juli	83	80	72			
	August	73	77	58			
	September	75	75	59,50			
	Oktober	73,50	72	55,50			
	November	68	67,50	51			
	Dezember	73,50	65	51			

(1894 braces rows Januar–Dezember; 1895 braces rows Januar–Dezember)

Tabelle XV.
Nicolajewer Monatsdurchschnittspreise von Weizen und Roggen (in Kopeken pro Pud).

		Weizen		Roggen	Weizen		Roggen	
		Azima Winter	Ghirka Sommer		Azima Winter	Ghirka Sommer		
1885	Januar	—	84,50	75,50	98	111	60	1888
	Februar	—	84,50	68,50	—	103	63	
	März	97,50	88,50	72,50	—	105	64	
	April	99,50	94,50	74,50	113	114	64	
	Mai	99	95,50	78,50	108	111	64	
	Juni	88	90	75	111	107	66	
	Juli	101	105	—	98	95	49	
	August	107	83	77	101	101	54,50	
	September	105	78	71	93	100	66	
	Oktober	107	100	68	107	94	56	
	November	—	98,50	68,50	101	—	55	
	Dezember	105	88,50	59,50	—	91	57	
1886	Januar	100	97	60,50	—	87	58	1889
	Februar	120,50	116	75	—	90	56	
	März	103	103	72	93	90	56	
	April	—	117	71,50	—	90	54,50	
	Mai	122,50	111	72,50	89	89	56,50	
	Juni	—	—	66	103	92,50	62	
	Juli	102	102,50	65,50	100	96	—	
	August	106	102	68	—	100	68	
	September	113	108,50	68	103	96	68	
	Oktober	—	108,50	67,50	108	98	71	
	November	111	102	69,50	100,50	92	72,50	
	Dezember	—	117,50	70,50	101	91	—	
1887	Januar	—	115	72,50	94	93	72	1890
	Februar	—	117	75	96	98	74	
	März	123	118	73	95	95	74	
	April	—	116,50	75	106	97	—	
	Mai	—	124	76	101	99	64	
	Juni	—	123	71	91	92	—	
	Juli	108	108	70	93	99	64	
	August	105	95	60	94	96	62,50	
	September	101	93	54	88	86	65	
	Oktober	104	99	76	88	84	60	
	November	110	103	67	90	95	72	
	Dezember	108	103	70	91	86	—	

5

Fortsetzung von Tabelle XV.

		Weizen		Roggen	Weizen		Roggen	
		Azima Winter	Ghirka Sommer		Azima Winter	Ghirka Sommer		
1891	Januar	93	89,50	73	—	87	—	1983
	Februar	99	88	72,50	—	87	72,50	
	März	105	93	79,50	88	88	73	
	April	104	107	86	88	88	74	
	Mai	112	109	89	—	90	78,50	
	Juni	115	103	96,50	95	89	75,50	
	Juli	111	105	105	77	81	60,50	
	August	127	118	128	—	76	—	
	September	128	118	—	73	76	61	
	Oktober	125	118	—	—	73	58	
	November	128	113	119	—	70	50,50	
	Dezember	123	125	123	—	65,50	51,50	
1892	Januar	—	123	—	—	67	57,50	1894
	Februar	—	117	—	—	61	53	
	März	117	111	98	—	70,50	53	
	April	—	109	93	—	63	55	
	Mai	107	106	—	—	61	50,50	
	Juni	94	108	—	—	62,50	52,50	
	Juli	100	98	—	61	61	50,50	
	August	103	99	—	—	58,50	47,50	
	September	105	85	70	—	56,50	47,50	
	Oktober	108	95	83	—	50,50	42,50	
	November	107	88	80	64	52,50	44,50	
	Dezember	—	87	—	61,50	56,50	45	

Tabelle XVI.

Weizeneinfuhr aus Russland nach England und Deutschland (in 100 kg).

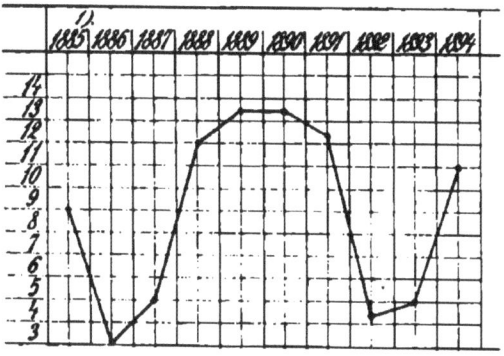

Rubelkurs.

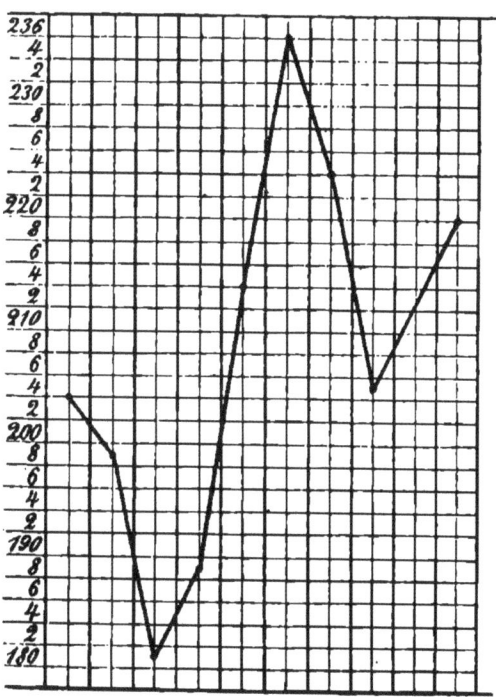

---

[1]) Vgl. Tab. I.

Tabelle XVII.

Russlands Weizen- und Roggenausfuhr nach Deutschland.

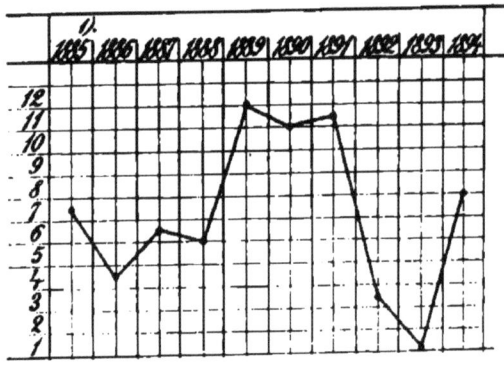

Rubelkurs.

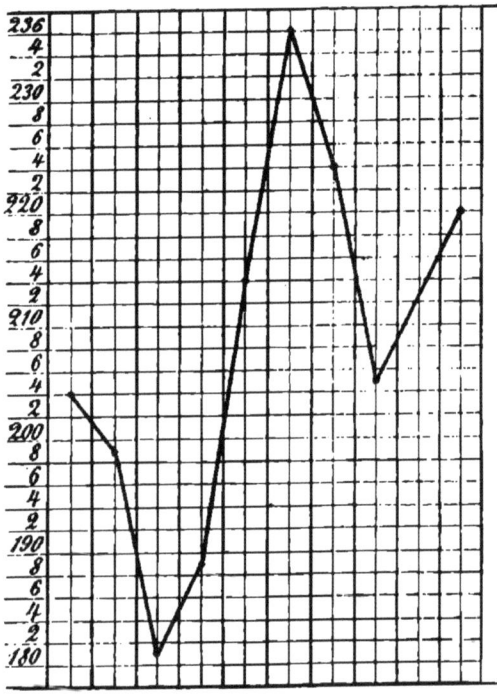

---

[1]) Vgl. S. 16 u. 17.